인공지능과 인간의 협업 시대가 왔다

직업의 미래와 인공지능 시대 생존 전략

인공지능과 인간의 협업 시대가 왔다

정용균 지음

직업의 미래와 인공지능 시대 생존 전략

율곡출판사

들어가는 글

인공지능 시대가 성큼 다가왔다. 인공지능 시대는 인공지능과 로봇이 넘쳐나는 시대이다. 인간은 진화하는 데 장구한 시간이 걸렸다. 그러나 인공지능과 로봇은 처음 출현한 지 60여 년 만에 벌써 여러 번 혁신을 거듭하고 있다. 세계적 컨설팅 그룹인 매킨지 보고서에 의하면 직업의 절반은 인공지능의 영향을 받을 것이라고 한다. 이러한 시대에 인간은 어떻게 해야 생존할 수 있는가? 넘쳐나는 인공지능과 로봇을 파괴할 것인가? 아니면 인공지능과 협업할 것인가? 저자 생각으로는 인공지능과 협업에 나서야 한다. 그리고 불안에 떨 것이 아니라 냉정하게 대비책을 세워야 한다.

이 책은 인공지능 기술 자체에 대해 이야기하지는 않는다. 오직 인공지능이 우리 직업에 가져올 충격에 대해 저자가 생각해 온 바를 독자와 나누고자 하는 것이다. 그 이유는 앞으로 인류 사회에 인공지능이 가져올 파급력이 워낙 커 현재와 미래의 직장인들은 좋든 싫든 그 영향권 내에 있을 것이기 때문이다. 그래서 우리 모두의 직업이 미래에는 어떻게 될지를 생각해 보았다.

우리가 인공지능 시대에 생존하기 위해서는 멀리 내다보아야 한다. 사람은 자기의 생각 범위를 벗어날 수 없다. "아는 만큼 본다"라는 말이 있다. 멀리 내다볼 수 있어야 멀리 갈 수 있다. 인생을 60세로 보고 설계한 사람과 80세로 보고 설계한 사람과 100세로 보고 설계한 사람은 인생 후반부가 달라질 것이다. 50대 후반에 정년퇴임해도 아직도 절반의 삶이 남아 있는 시대가 도래하고 있다. 정년 이후에도 삶을 영위해야 하므로 이제 직職의 의미보다는 업業의 의미가 커져가고 있다.

인공지능 시대는 새로운 기술이 확산됨에 따라 기술 불일치 문제가 부상하고 있다. 이러한 때야말로 각자 대비를 해야 한다.

이 자리를 빌려 이 책이 나오는 데 도움을 주신 박기남 율곡출판사 대표님과 출판사 모든 분들에게 감사를 드린다. 또한 삽화를 그려주고 격려해 준 우리 가족들에게 감사를 보낸다.

2020년 서재에서

정용균

차 례

3장 인공지능 시대 생존 전략

프롤로그
우리는 인공지능 시대에 대비하고 있는가?

진리는 다양한 모습을 하고 있다.

— 존 힉스, Causality in Economics

저자가 대학원에 입학했을 때 새로 부임한 30대 젊은 교수님께서 하신 말씀이 지금도 기억에 생생하다. "사회과학에는 정답이 없다. 좋은 질문이 있을 뿐이다."

이 책이 출간된 지금 인공지능으로 인해 직업의 미래가 불확실해지고 있다. 혼란의 시대는 먼지가 자욱해서 방향을 잡기가 어렵다. 노벨경제학상을 수상한 옥스퍼드대학의 존 힉스 교수는 진리는 다양한 모습을 하고 있다고 말했다.[1] 인도 우화에 코끼리를 처음 대면한 장님들 이야기가 나온다. 코끼리 귀를 만져본 사람은 코끼리가 부채 같다고 하고, 다리를 만져본 사람은 기둥처럼 생겼다고 하고, 상아를 만져본 사람은 단단한 무엇이라고 생각한다. 다양한 모습으로 다가오는 진리 앞에서 인간은 모두 앞을 보지 못하고 헤매고 있는지 모른다. 인공지능 시대가 던지는 충격 속에서 손으로 더듬어서라도 방향을 잡기 위해 본서는 질문으로 시작해 보기로 하자.

가. 인공지능은 과연 사람의 일자리를 없애는가?

오늘날 세계 유수의 연구기관들이 인공지능의 도입으로 일자리들이 위협받고 있다는 전망을 내놓고 있다. 2016년 다보스 포럼에서는 선진국에서 710만 개의 일자리가 사라질 것이라고 예측을 발표한 바 있다. 머지않아 지금보다 더 강력한 인공지능이 도래해 인간의 직업은 심각하게 위협을 받게 되리라는 것이다. 우리에게 친숙한 스티븐 호킹 박사가 이러한 비관적 견해를 내세웠다. 스티븐 호킹 박사는 인간의 진화 속도는 더디지만, 인공지능의 진화 속도는 빠르기 때문에 결국 인간이 기계에 추월당할 위험이 있다고 경고했다. 낙관적 견해는 지금까지 인류는 여러 차례 산업혁명을 거쳐 왔는데도 총체적으로는 일자리가 줄어들지 않았다는 것을 근거로 내세우고 있다. 즉, 산업혁명이 도래했을 때 농업에 종사하는 사람들은 크게 줄었지만, 제조업체 일자리가 늘어서 결국 전체적으로는 일자리가 줄지 않았다는 것이다.

2015년 세계적 컨설팅 회사인 맥킨지 그룹 보고서에 의하면 800개 직업의 2,000가지 직무를 분석한 결과 전체 직업의 45% 정도가 인공지능으로 대체 가능하다고 예상되고 있다.[2] 2013년 옥스퍼드대학은 더 나아가 미국 일자리의 47%가 20년 내 사라질 것이라 예측했다.[3] 다시 말하면, 아직도 일자리의 절반 정도는 인공지능이 대체하기 어렵다는 것이다. 사실 일자리 절반가량이 사라진다는 말만 들어도 충격이 온다. 그러나 긍정적으로 생각해 보자. 아직도 일자리 절반이 남아 있다지 않은가! 더구나 인공지능 관련 산업이 부상하게 되면 인공지능 관련 일자리가 추가로 창출될 것이다. 아직 누구도 속단할 수는 없다. 어떻게 보면 지금은 폭풍전야와 같은 상황이다. 저자는 미래 인공지능 로봇 산업이 현재의 자동차, 전자 산업을 합친 것만큼이나 영향력을 행사할 것이라고 생각한다. 그러나 아직 그러한 일은 본격적으로 대두되지 않았다. 그러한 일이 실현되려면 상당한 시일이 걸려야 할 것이다.

세상 모든 일에는 연속성이 있다. 18세기 산업혁명은 17세기 유럽에서의 과학 발전이 있었기 때문에 가능했다. 오늘날 인공지능을 꽃피우고 있는 합성 인공 신경망 모형도 60여 년 전에 개발된 퍼셉트론이라는 과거의 인공지능 이론을 발전시킨 것이다.[4] 인공지능 시대를 맞이하기 위해서는 지금부터 잘 준비해야 한다. 지금이야말로 중요한 시기이다. 왜냐하면 기술이 개발되는 것과 사회가 받아들이는 것 사이에는 차이가 있기 때문이다. 기술의 역사를 보면 종이는 중국에서 개발되었지만 정작 인쇄 문화는 구텐베르크 인쇄기기 도입된 유럽에서 꽃피웠다. 이제 인공지능 기술이 막 도입되는 시기이다. 앞으로 수십 년이 미래 인공지능 사회의 초석이 될 것이다.

나. 인공지능 로봇의 탄생

생명은 바다에서 시작되었다고 한다. 단세포 생물에서 시작한 생명체는 종래에는 척추동물로 진화했다. 그리고 물 위로 육지가 나타나자 4억 년 전쯤에[5] 물속에 살던 척추동물의 초기 조상이 육지로 올라가기 위해 다리가 생겼다고 한다.[6]

컴퓨터 역시 비슷한 방식으로 진화하고 있다. 대학생 필독고전 명단에 들어간 리처드 도킨스의 『이기적 유전자』에서 핵심 주장은 인간 자신이 인간을 통제하는 것이 아니고, 유전자가 인간을 숙주로 활용한다는 것이다.[7] 인간의 관점에서는 편리함을 추구하기 위해서 컴퓨터를 만들었다고 생각하지만, 컴퓨터 관점에서 컴퓨터가 진화하기 위해 인간을 활용하고 있다고 생각해 보자!

원래 컴퓨터는 방 하나를 가득 채울 정도로 덩치가 컸지만 점차 축소되는 과정을 거친다는 것이 명확해진다. 대형 컴퓨터는 원래 큰 방에 거대한 철제 캐비닛 박스 형태로 서 있다가, 몸집을 줄인 다음 껑충 뛰어서 우리 책상 위로 올라왔다. 그것이 데스크톱 컴퓨터이다. 그리고 책상 위에 놓여 있던 데스크톱 컴퓨터는 다시 인간의 가방 속으로 뛰어들어간다. 그것이 노트북 컴퓨터이다. 데스크톱 컴퓨터까지는 이동이 불가능했지만, 컴퓨터가 노트북 컴퓨터가 되면서부터는 사람의 가방 속에 들어가서 이동을 시작한다. 그리고 스마트폰으로 진화해서는 아예 인간의 호주머니 속에 거주지를 마련하는 데 성공하고 말았다. 이제 사람들은 항상 손에 스마트폰을 들고 다니며, 없으면 불안을 넘어서 우울해지기까지 한다. 한 몸이나 마찬가지이다. 결혼식에 가면 주례가 성혼선언문을 낭독하면서 이제 두 사람은 한 몸이 되었다고 선언한다. 이제 누군가 선포하리라! "스마트폰과 인간은 이제 한 몸이 되었다." 마치 컴퓨터의 외장 하드가 컴퓨터 본체와 한 몸인 것과 같이 스마트폰은 인간의 외부 장기가 되고 말았다! 그리고 마지막으로 컴퓨터의 소프트웨어는 몸체인 하드웨어를 버리고 인공지능으로 도약한다.

```
대형      →  데스크톱  →  노트북   →  스마트폰  →  인공지능
컴퓨터       컴퓨터       컴퓨터                    (AI)
                                                      ↘
                                                        AI 로봇
증기기관  →  내연기관  →  전기     →  자율주행  →  로봇    ↗
자동차       자동차       자동차       자동차
```

이제 인공지능으로 무대를 옮겨 보자. 인공지능은 진화를 거듭하며 자율적인 존재가 되어가고 있다. 자율성을 가지려면 스스로 생각할 수 있어야 한다. 생각할 수 있어야 '본능'이라는 고성된 설계에서 벗어날 수 있다. 사자는 아프리카 초원에서 태어나서 평생 초원에서 산다. 그러나 인간은 아프리카 초원에서 태어났지만 초원을 벗어나서 전 세계로 확산되었다.[8] 어떤 존재가 고정된 설계에서 벗어나려면 목표를 설정해야 하고, 목표를 설정하려면 외부 환경을 학습할 수 있어야 한다. 학습의 관점에서 보면, 인공지능은 전문가 시스템 → 머신러

닝 → 딥러닝으로 진화를 거듭하고 있다. 전문가 시스템 단계의 인공지능은 엄마가 주는 젖이나 우유에 매달리는 아기처럼 전적으로 인간 의존적 존재였다. 초기 인공지능은 인간의 지식 저장소에 불과했다. 인간은 은행 예금처럼 인공지능에게 전문 지식을 저장해 놓았다가 필요할 때면 지식을 꺼내 활용했다. 그러나 머신러닝 단계에 이르면 인간이 데이터를 인공지능에게 제공하지만 인공지능 스스로 학습하고 데이터를 가공해 출력한다. 인공지능은 단순한 지식 저장소가 아니라 지식을 가공하는 존재가 되었다. 그러나 이 단계에서는 처음부터 데이터의 특징을 인간이 알려 준다. 딥러닝 단계에 이르면 인간은 인공지능에게 데이터를 제공하기는 하지만, 데이터의 특징을 알려 주지는 않는다. 인공지능은 스스로 학습해 데이터의 특징을 알아낸다.[9] 이처럼 인공지능은 점차 자율성을 획득해간다. 그러나 육체적으로는 여전히 이동수단이 없다. 이동하려면 움직일 수 있는 몸체가 필요하다. 몸체가 있어야 환경이 변화하면 그 자리를 벗어날 수 있어 생존 가능성을 높인다.

그러면 누가 인공지능에게 몸을 줄 것인가? 결론은 로봇이 주어야한다.[10] 로봇은 어디에서 오는가? 자동차에서 온다. 자동차는 증기기관 자동차, 내연기관 자동차, 전기자동차로 진화하고 있다. 세계 최초의 자동차는 1770년 프랑스 포병대 장교였던 니콜라-조셉 퀴뇨가 개발한 증기기관 자동차였다. 퀴뇨의 증기기관 자동차는 바퀴 3개 달린 마차 형태를 하고 있었으며 차체 전방에 보일러를 달고 2기통 증기기

▲ 증기기관 자동차

관을 1개짜리 앞바퀴에 연결한 구조였다.[11] 증기기관 자동차가 나온 후, 백 년 가까이 지난 1886년 독일의 다임러와 벤츠가 내연기관 자동차를 출시했다.[12] 그리고 21세기 들어 일론 머스크가 전기자동차 회사를 차렸다. 최근에는 구글이 자율주행 자동차를 실험하고 있다. 자동차는 완전 무인화 단계에 이르면 운전대가 없어지면서 인간의 손에서 독립하게 될 것이다.

인기를 끌었던 영화 중에 "트랜스포머"라는 SF영화가 있었다. 이 영화에서는 자동차가 일어서서 로봇으로 변신한다. 어류가 육지에 오르기 위해 다리가 생긴 것처럼 바퀴로 달리던 자동차는 일어서서 로봇으로 진화할 것이다. 왜 그럴까? 로봇이 번식하려면 대량 생산이 필요한데, 자동차 산업은 이미 기계를 대량 생산하는 체제를 갖추고 있기 때문이다. 컴퓨터와 자동차라는 현대 문명의 핵심 산업 진화 과정에서 공통점은 모두 인간의 통제에서 벗어나는 방향으로 진화가 이루어지고 있다는 것이다. 컴퓨터는 인공지능 단계에 이르러 자율성을 확보하고, 자동차 역시 무인 자율주행 자동차에 이르러 인간으로부터 독립하고 변신해 로봇이 된다. 최종적으로 인공지능이라는 두뇌와 로봇이라는 몸체가 결합하면 인공지능 로봇이 탄생할 것이다.

다. 인간은 자동화에 떠밀려 사라질 하찮은 존재인가?

저자는 2019년에 가족과 함께 용산 국립박물관에서 열린 에트루리아 문명 전시회에 갔다. 거기서 야누스신의 조각상을 보았다. 야누스는 두 얼굴을 한 신이다. 한쪽 얼굴과 다른 반대쪽 얼굴이 너무나 다르게 조각된 것이 인상적이었다. 전혀 다른 두 얼굴이 하나의 머리에 병존하고 있었다. 현재의 인공지능 역시 두 얼굴을 가지고 있다. 인공지능의 얼굴 한쪽은 인간을 문명이라는 무대 뒤로 퇴장시키는 공포의 대왕 모습을 하고 있다. 그러나 다른 한쪽 얼굴은 자신을 창조한 인간에게 봉사해야 하는 종의 모습을 하고 있다.

현재 인간의 미래에 대해 두 가지 상반된 목소리가 대립되고 있다. 하나의 목소리는 『호모데우스』의 저자 유발 하라리와 『로봇의 부상』의 저자 마틴 포드, 『노동의 시대는 끝났다』의 저자 서스킨드처럼 이제 로봇이 부상하고, 인간은 뒤로 후퇴하고, 대다수 실업자가 된 인간들은 정부에 기댈 수밖에 없다는 것이다. 유발 하라리 교수는 미래 인간 사회는 사이보그로 진화한 신적 인간인 호모데우스와 그렇지 못한 대다수의 인간으로 나뉠 것이라는 비관적 견해를 밝혔다.[13] 마틴 포드는 자신의 저서에 로봇이 도입됨에 따라 사람들이 속절없이 직장에서 쫓겨나는 현장을 그렸다.[14] 『노동의 시대는 끝났다』의 저자이자 아버지와 아들 사이인 두 명의 서스킨드는 저서에서 전문가 시대의 종언을 그렸다.[15] 『슈퍼인텔리전스』의 저자 닉 보스트롬은 초지능이 도래하면 초지능과 인간의 차이는 아인슈타인처럼 똑똑한 사람과 학교 다닐 때 반에서 성적이 꼴찌인 학생 정도의 차이를 뛰어넘는 차이라고 냉정히 말해서[16] 더욱 공포스럽다.

인간은 그렇게 하찮고 무능력한 존재인가? 다른 목소리를 내는 전문가들도 있다. 브린욜프슨과 맥아피는 유명한 저서 『제2의 기계 시대』에서 미국에서 인적 자본의 가치가 미국의 모든 물적 자본의 가치를 합한 것보다 5배에서 10배 더 많다는 조르겐슨과 프라우메니의 견해를 인용했다.[17]

노동생산성이라는 용어가 있다. 근로자 한 사람당 생산물이 얼마인지 측정하는 도구이다. 그런데 미국의 노동생산성과 한국의 노동생산성을 비교해 보면 놀라운 느낌이 든다. 미국의 노동생산성이 한국의 노동생산성보다 월등히 높게 나오기 때문이다. 왜 그러한가? 우리는 IT강국이고, 인터넷을 능숙하게 활용하고, 미국과 비교해 평균 학력도 높지 않은가? 스포츠에 빠져 있고, 우리보다 열심히 일하지도 않는 미국이 어떻게 우리보다 노동생산성이 높을까? 어떻게 보면 미국

경제의 비밀은 기술에 있지 않고 사람에 있는지 모른다.

　미국 50대 경영학자 중 한 사람인 토머스 데이븐포트는 『빅 데이터@워크』에서 "데이터의 중심은 사람이다"라고 주장했다.[18] 다른 저서에서 그는 컴퓨터를 도입했던 기업 경영자들은 그들이 얻는 정보의 3분의 2는 직접 대면이나 전화로 얻고 있으며 나머지 3분의 1도 회사 밖에서 가져온 문서에서 얻고 있었다고 설명했다.[19] 가치 있는 정보는 여전히 사람에게서 나온다는 것이다.

　우리는 이러한 양 극단 사이에 있는 것 같다. 원근법으로 보자면 인공지능 시대가 도래하고 있는데, 직업 현장에서는 사람이 핵심이라는 것이다. 두 가지 목소리가 모두 맞을지도 모른다. 예전에 고등학교 다닐 때 빛의 속성에 대해서 배운 적이 있다. 빛은 파동인 동시에 입자이다. 당시 저자는 얼른 이해가 가지 않았다. 파동이면 파동이고, 입자면 입자이지 어떻게 파동인 동시에 입자인가? 그런데 그렇게 상호 모순된 것이 진실인지 모른다. 독자들도 익숙한 동양사상 중에는 음양오행사상이 있다. 음양오행사상에 의하면 세상은 음陰과 양陽으로 구성되어 있다. 그런데 음과 양은 야누스 신처럼 정반대의 얼굴을 하고 있다. 양이 하늘이면 음은 땅이다. 양이 강하다면 음은 부드럽다. 유교 사서삼경의 하나인 『주역』을 보면 음과 양은 만물을 낳고, 세상의 변화를 초래한다. 그것이 세상이다! 인공지능 시대 인간의 위치에 대한 두 목소리는 서로 보완적 관계에 있는지 모른다. 긍정하자. 인공지능 시대에 두 가지 가능성 모두 있다고 보자. 그리고 생각해 보자.

라. 인공지능 도입과 생활 수준

인공지능 시대가 오면 우리 모두의 직업이 위협을 받으니까 인공지능 도입을 거부해야 하는가? 저자가 말하고 싶은 것은 적어도 현재의 생활 수준을 유지하기 위해서는 인공지능의 도입이 불가피하다는 것이다. 모든 국가가 서로 독립되어 있고, 교역도 하지 않고 자급자족한다면 상대방 국가가 인공지능을 개발하건 말건 상관할 게 무언가?

어떤 경제학자가 오래전 20세기 후반 선진국에 거주하고 있는 사람들은 중세 시대 봉건 영주에 못지않은 삶을 살고 있다고 말한 적이 있다. 서양 중세 시대에는 소수의 기사 계층 정도 되어야 말을 타고 다닐 수 있었다. 또한 당시에는 귀족은 되어야 좋은 옷을 입고, 영양가 높은 고기를 먹고, 음악가들의 연주를 들었을 것이다. 동양도 마찬가지이다. 동양이나 서양이나 전쟁할 때 말 타고 싸우는 사람은 소수였고 대다수는 보병이었다. 오늘날 우리들은 대부분 말은 없지만, 대신 자동차를 몰고 다닌다. 옷도 계절에 따라 바꾸어 입고, 음악도 다운받아 들을 수 있다. 개인 비서는 없지만 택배기사 아저씨가 문 앞에까지 물건을 대령해 준다. 저자는 미국과 중국에 가 본 적이 있다. 학회 참석차 싱가포르, 대만, 일본, 홍콩도 가 볼 기회가 있었다. 가 보고 놀랍게도 우리나라 생활 수준이 상당히 높다는 걸 깨달을 수 있었다.

오래전 인상 깊었던 우화를 읽은 적이 있다. 어떤 왕이 신하들에게 이 세상의 진리를 알기 위해 진리를 담은 책들을 모아오라고 말했다. 신하들은 많은 시간을 들여서, 요즈음 식으로 이야기하면 트럭 한 대 가득하게 책들을 모아 왔다. 왕은 정무로 바쁘니 이걸 책 한 권으로 요약해 오라고 했다. 신하들은 학자들을 불러다가 트럭 한 대 분량의 책들을 책 한 권으로 요약했다. 신하들이 왕에게 그렇게 완성한 책 한 권을 들고 가니 왕이 이제 늙고 눈이 침침해 그 책마저도 보기 어려우니 단 한 문장으로 세상의 진리를 요약하라고 명령했다. 그래서 나온 한 문장은 다음과 같다. 세상에 공짜는 없다! 단순한 사실은 자원 부족 국가인 우리나라가 이 정도 생활 수준을 유지하려면 외국으로부터 물품을 계속 수입해야 한다는 것이다. 자동차를 움직이게 하는 석유가 우리 영토 내에 대량으로 묻혀 있는가? 우리가 좋아하는 빵에 들어가는 밀이 충분한 만큼 대한민국 영토 내에 재배되고 있는가? 대관령 목장은 겨울용 양모 보급에 필요한 만큼 양을 키우고 있는가? 모두 외국에서 사온 것들이다! 우리가 원하는 소비 제품과 생활필수품을 외국에서 들여오려면, 그만큼 무언가를 수출하지 않으면 안 된다. 또한 외국 소비자가 우리 제품을 마음에 들어 사게 하려면 기술 혁신 제품을 내놓아야 한다. 그리고 앞으로 기술 혁신에서 인공지능은 빼놓을 수 없을 것이라는 점은 명확하다.

마. 우리는 인공지능 시대를 충분히 준비하고 있는가?

유교는 사농공상 계층을 전제로 하고 있다. 즉, 제일 위에 우주의 이치를 궁구하는 선비가 좌정해 있고, 땀 흘려 식량을 생산하는 농부들이 이를 받치고 있다. 수공업자들은 격리된 장소에서 가구, 농기구 등 생활용품을 만든다. 가장 아래에는 등짐을 지고 이 시장, 저 시장으로 정처 없이 떠돌아다니는 보부상들이 있다. 이 계층 구조에 익숙한 부모 세대에서는 부모는 기름밥을 먹고 살지만, 자식은 하얀 와이셔츠를 입고 출근하는 사무직 대기업 사원이 되기를 소망한다. 경제성장기에 우리는 하드웨어 산업을 열심히 육성해 왔지만, 소프트웨어 산업은 소홀히 해 온 점이 있다. 소프트웨어 개발은 기술자가 하는 일이라고 은근히 폄하하는 면이 있었던 것 같다. 그러다가 갑자기 인공지능이 화두가 되고 있으니 당황할 일이다.

경영학의 시조라고 할 수 있는 피터 드러커 교수는 일찍이 인류 문명을 제대로 이해하기 위해서는 기술혁명의 관점에서 바라보아야 한다고 역설했다. 그는 인류 최초의 기술혁명은 7,000년 전 중동 메소포타미아 지역에서 개발된 관개농업 기술이었다고 갈파했다.[20] 피터 드러커 교수는 영국이 대영제국의 찬란한 역사로부터 내려오게 된 이유로 "과학자는 대우했지만 기술자는 우대하지 않았다"라는 영국 사회 분위기를 들었다.[21] 기술자는 결코 영국 사회에서 젠틀맨이 되지 못했다.[22]

인공지능 시대에 돌입해 인공지능으로 성공하려면 당연히 인공지능 관련 인재들이 있어야 한다. 우리나라에 인공지능 연구자들이 얼마나 있을까? 생각해 볼 일이다. 인공지능의 대명사가 된 알파고 모기업인 구글은 컴퓨터 소프트웨어 기술자 두 명이 창립했다는 이야기는 이제 누구나 알고 있을 것이다. 그들은 자수성가해 당대에 큰 기업을 일구어 냈다. 어떻게 그러한 일이 가능할까?

최근 외국에서 발표된 인공지능 논문들을 찾아보았는데 인상적인 것은 저자의 이름 중에서 낯선 형태의 이름들이 많았다는 점이다. 다시 말하면, 논문 저자 중에 동유럽, 중남미, 일본, 중국 학자 이름으로 추정되는 이름이 상당히 많았다. 이는 무엇을 의미하는가? 이제 모든 나라가 인공지능 연구에 뛰어들었다는 것이다.

과거 우리가 수출주도형 경제 성장을 시작할 때만 하더라도, 이에 무심한 나라들이 많았다. 그러나 이제는 아니다. 대항해 시대 이후 수백 년간 세계를 호령해 온 유럽이나 메소포타미아 문명 발상지인 중동 지역은 극동 지역에 위치한 조그만 나라가 자동차를 수출하고 그 나라 국민들이 해외여행을 다니는 것을 보고 놀라움을 느꼈을 것이다. 이제 모두들 시장경제에 편입되었으며 인공지능 없이는 기술 혁신에 발을 담글 수 없다는 점을 잘 알고 있다. 더구나 기회도 좋다. 새로 시작한다는 점에서는 어느 국가나 비슷하니 말이다. 언론은 우리 스스로를 IT강국이라고 말한다. 정말 그러한가? 인공지능 시대에도 우리는 IT강국인가? 생각해 볼 일이다.

바. 인공지능 협업 시대가 도래하고 있다

2010년부터 10년이 흐른 지금, 인류는 본격적으로 인공지능 시대로 접어들고 있다. 지난 10년간 인공지능에 너무 큰 변화가 일어났다. 2010년 음성 인식 분야에서 큰 진전이 이루어져서 소셜 로봇 개발에 불을 붙였으며, 2012년에는 컴퓨터 비전이 나와 안면 인식 기술로 발전하고 있다. 2014년과 2015년에는 기계 번역이 획기적으로 발전해 자연어 처리도 가능해졌다. 2016년에는 알파고가 가장 어려운 게임이라는 바둑에서 인간 기사를 이겼다.[23] 이 모든 일들은 인공 신경망 모형을 기초로 전개된 일이었다.

이처럼 다양한 분야에서 인공지능이 성과를 냄에 따라서 인공지능은 인간의 노동 현장 곳곳에 영향을 미치고 있다. 이제 인간은 인공지능과의 협업을 진지하게 고려해야 할 단계에 이르게 되었다.

인공지능 시대 이전에도 기계와 인간의 협업에 관한 논의는 있었다. 컴퓨터가 사무실로 들어온 이후, 인간과 컴퓨터의 협업을 매끄럽게 하기 위해 '인간-컴퓨터 상호 작용'이란 학문 분야가 생겼다.[24] 최근 이 분야는 '인간-로봇 상호 작용'이라는 분야로 대체되고 있으며, '인간-로봇 공동 작업'이라는 주제가 화두로 떠오르고 있다.[25] 이제 인간과 로봇이 협업을 할 수 있도록 제반 연구가 진행되고 있다. 이미 기업 현장에서 인간과 로봇의 상호 작용이 밀접하게 이루어지고 있다. 1단계로 산업용 로봇이 제작되었으며, 이 로봇들은 자동차 공장에서 활용되고 있다. 2단계로 2000년대 초부터 사람과 상호 작용하는 소셜 로봇 개발이 이루어지고 있다. 소셜 로봇은 교육 현장에서 미래 보조교사 역할을 할 수 있을지 그 가능성을 테스트받고 있다. 3단계로는 협동 로봇, 보통 코봇이라 불리우는 로봇이 산업 현장에 배치되고 있다. 예전 공장에서 로봇은 로봇 단독으로 일하고 인간은 인간 혼자서 작업을 했다면, 협동 로봇은 문자 그대로 같은 공간에서 인간과 로봇이 공동 작업하는 것이다.

사. 스페셜리스트 vs 제너럴리스트 vs 멀티 스페셜리스트

로봇 설계가였던 한스 모라벡에 의하면 "인간에게 쉬운 일이 인공지능에게는 어렵고 인공지능에게는 쉬운 일이 인간에게는 어렵다". 다시 말해서 상식이라고 알려진 일에 대해서 인공지능은 어려워하지만 인간은 매우 쉽게 처리한다. 한편 인간이 어려워하는 분석에는 인공지능이 탁월한 능력을 보인다. 그렇다면 인간의 적성은 어디에 있으며 인공지능의 적성은 어디에 있는가? 모라벡의 말이 옳다면 인간은 제너럴리스트에 가깝고, 인공지능은 스페셜리스트에 가깝다. 물론 인공지능 설계자들이 인공지능을 제너럴리스트로 만들기 위해 강 인공지능 개발에 나서고 있는 것도 사실이다. 그러나 그 중간에 멀티 스페셜리스트 포지션이 더욱 매력적이다. 멀티 스페셜리스트는 최소 두 분야에 깊은 지식과 이해를 가지고 이 두 가지 서로 다른 지식을 연결·융합하는 능력이다.

교토삼굴이라는 고사가 있다. 영리한 토끼는 굴을 세 개 파놓는다는 것이다. 맹수가 들이닥쳤을 때, 맹수가 이쪽 굴로 들어오면 저쪽 굴로 피신하기 위함이다. 교토삼굴의 고사처럼 우리도 굴을 두 개 이상 마련할 필요가 있다. 더구나 멀티 스페셜리스트가 되어야 하는 또 다른 이유가 있다. 우리 사회가 초고령 사회로 진입하기 때문이다.

최근 100세 시대가 도래하고 있다. 일본은 2019년에 100세 이상 인구가 7만 명이라고 하고, 중국도 고령 인구가 급속도로 늘어나고 있다. 중국은 2050년경이 되면 60세 이상 인구가 4억 4천만 명 정도 될 것으로 추정되고 있다.[26] 어느 국가나 평균 수명의 연장을 피해갈 수 없다. 이것이 현실이다! 이제 누구든 일생 동안 직장을 여러 개 가져야 한다는 이야기이다. 50~60세에 직장을 나왔다고 하더라도 30년 이상이 남아 있다. 첫 번째 직장에서 나온 뒤에 30년 동안 아침부터 저녁까지 텔레비전 앞에만 앉아 있을 배짱 있는 사람은 드물 것이다. 그럴 수 있다면 득도한 사람일 것이다. 우리 대부분은 다음 직장을 고려해야 한다. 직장은 소중하다. 여러 번 직장을 다녀야 한다면, 앞으로는 어떤 전략을 사용해야 할까? 이것은 모든 직장인들의 화두일 것이다. 그런데 모든 기업들은 급속하게 디지털 변환을 겪고 있다. 기업의 생존을 위해서는 반드시 해야 하는 일이다. 디지털 변환의 중심에는 인공지능이 들어 있다. 이제 인공지능은 선택사항이라기보다는 필수요건이다. 따라서 이번 직장에서 생존하고 다음 직장에 가기 위해서는 인공지능과의 협업을 적극적으로 받아들여야 한다. 설령 이번 직장에서는 인공지능에 대한 지식 없이 버틸 수 있더라도 다음 직장에 들어갈 때쯤이면 인공지능이 보다 확산되어 인공지능을 모르고서는 일하기 힘들어질 것이기 때문이다.

아. 인공지능 대응 전략

『삶은 속도가 아니라 방향이다』[27]라는 책이 있다. 저자는 제목에 공감해 그 책을 읽어본 적이 있다. 빨리 가냐, 늦게 가냐는 그리 중요하지 않다. 문제는 어디로 가냐이다. 임진왜란 때 정부 대신들이 선조 임금을 모시고 피신하는데 비가 왔다. 모두들 비를 피하려 달려가는데 백사 이항복 대감은 천천히 걸어갔다. 그러자 다른 이가 이항복 대감에게 왜 비를 피하기 위해 달리지 않는가 물었다. 이항복은 천천히 가면 위에서 내리는 비만 맞으면 되는데, 달려가면 앞에서 오는 비마저 맞게 되니 천천히 걷는다고 응답했다고 한다.

지금과 같은 혼란한 상황에서는 방향을 정하는 것이 가장 중요하다. 우리 직장인들은 인공지능이 인간을 대체한다는 소문에 막연한 불안감을 품고 불편해하고 있다. 특히 인공지능에 대해 아는 이가 별로 없어 더더욱 불안감이 높다. 컴퓨터학과 전공자를 제외하고는 인공지능 관련 과목을 수강한 경우가 많지 않을 것이며, 국내에서 인공지능학과를 졸업한 사람은 없을 것이기 때문이다. 왜냐? 인공지능학

과라는 간판을 건 학부를 가지고 있는 대학은 별로 없기 때문이다. 따라서 막연히 불안할 수밖에 없다. "승부의 향방은 디테일에 있다"라는 말이 있다. 가만히 생각해 보면, 직업도 인간이 유리한 직업이 있을 것이고 인공지능이 유리한 직업이 있을 것이다. 따라서 직업을 인공지능이 우위인 직업, 인공지능과 인간이 어느 정도 역할이 있는 직업, 인간 우위 직업, 인공지능 전문가 육성 직업 등으로 나누어 볼 수 있다. 그 후 내가 다니는 현재의 직장이 어떤 카테고리에 속하는지 생각해 보자! 출발은 여기서부터이다. 그리고 방향을 정하자!

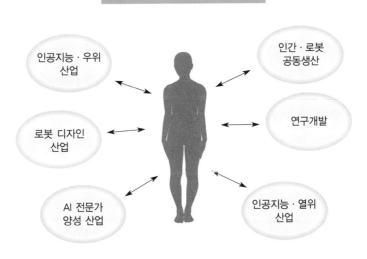

▲ AI 시대 인간의 직업

인공지능과의 협업은
준비해야 하는가?

쟁기를 잡은 자는 뒤를 돌아보지 않는다. — **그리스도교**, 『**성경**』

화살은 이미 활시위를 떠났다. 떠난 화살은 두 번 다시 활로 돌아오지 않는다. 쟁기를 잡았으면 앞을 보고 밭을 갈아야 한다. 뒤를 돌아보면 소는 엉뚱한 데로 가고 말 것이다. 인공지능 시대를 맞이해서 앞을 바라보고 나아가야 한다. 인간의 일자리는 인공지능 때문에 크게 흔들리고 있다. 인공지능 시대의 대표적인 존재가 인공지능, 로봇, 사이보그이다. 이들과 협업을 준비해야 한다.

1. 직업의 미래와 인공지능과의 협업

우리는 기술의 단기영향은 과대평가하고 기술의 장기영향은 과소평가한다.
— 로이 아마라, 실리콘밸리

가. 직업의 미래와 협업

가깝게 느껴져도 실제로는 멀리 있다

오늘날 인공지능[AI]은 우리 사회에 급격하게 다가오고 있다. 아울러 인터넷 사이트 이곳저곳에는 미래에 없어질 직업의 명세가 나돌아다니고 있다.[28] 저자는 대학원에 다니던 젊은 시절 등산을 자주 갔었다. 고등학교 후배에게 이끌려 남대문시장 등산구점에 가서 등산화를 사고 주말이면 서로 연락해서 이 산 저 산으로 갔었다. 등산하다 보면 정상이 저기일 것 같은데 막상 가려면 한참 걸리는 경우가 많다. 왜 그럴까? 정상까지 얼마 안 되어 보여도, 막상 정상까지 가려면 여러 차례 오르막 내리막길을 걸어야 하는 경우가 많기 때문이다. 인공지능의 도래 역시 그런 것이 아닌가 하는 생각이 든다. 인공지능의 개척자 중 한 사람인 얀 르쿤은 인공지능 개발의 어려움을 등산에 비유해 "등산할 때 꽤 높이 올랐기 때문에 좋아하다가 산 정상까지 올라가 보

▲ 산과 사람

면 앞에 더 높은 산이 있다는 것을 알게 된다"라고 말했다.[29] 등산객에게 산의 정상은 아주 멀리 있지도 않지만 생각만큼 금방 다가오지도 않는다. 그것이 세상의 이치인지 모른다. 1969년 미국의 아폴로 우주선이 달에 착륙하는 역사적 사건이 있었다. 텔레비전으로 중계를 해서 흑백 화면으로 보았던 그 장면이 지금도 생생하다. 그 일이 있고나자, 모두들 1980년경에는 달에 우주 기지가 건설될 것이라고 믿었고 텔레비전에는 제목에 1980이라는 숫자가 들어간 SF영화가 인기리에 방영되었다. 그러나 40여 년이 지난 지금, 다른 행성에 우주 기지를 설치·운영하고 있다는 이야기는 듣지 못했다.

인간이 지구 밖 외계행성에 한번 갔다 오는 것과 영구적으로 우주

기지에 머무르는 것과는 많은 차이가 있다. 우주 기지가 작동하려면 자급자족해야 할 것이다. 식량을 계속 우주선으로 우주 기지에 보급할 수는 없지 않겠는가? 배추나 시금치를 우주선으로 보급한다면 도대체 시금치 가격은 얼마가 되어야 하는가? 또한 식수도 마련해야 한다. 우주선 도착 및 발사장, 휴식 공간도 만들어야 할 것이다. 인공지능 로봇 산업 역시 만개하려면 이러한 사항들을 고려해야 할 것이다. 토머스 프리드먼이 지은 『세계는 평평하다』라는 제목의 책이 있다. 이 책은 세계화가 진전되면 전 세계적 차원에서 생산 분업이 일어나서 경제가 통합된다는 예측을 담았다. 현재 세계화는 한 방향으로만 진전되고 있는가? 세계화는 진전되는 면도 있지만, 어떻게 보면 여전히 문화와 국가라는 강고한 핵이 작동하고 있는지 모른다. 따라서 세계화는 생각보다 진전이 늦을지도 모른다. 예측이란 맞을 수도 있고 맞지 않을 수도 있다.

우리가 가진 인공지능에 대한 이미지는 대부분 영화에서 나온 것이다. "스타트랙 넥스트 제너레이션"에 나오는 인공지능 로봇 데이터, "터미네이터"에 나오는 무시운 로봇, "블레이드 러너"에 니오는 시이보그 등이 유연하게 작동하려면 얼마나 많은 강과 바다를 건너야 할지 모른다. 오늘날 인공 신경망 모형이 나오면서 인공지능은 활짝 만개한 느낌이다. 레이 커즈와일은 2045년에는 인간에 필적할 만한 인공지능이 출현하는 특이점에 도달할 것이라는 전망을 하였고, 옥스퍼드대학교의 닉 보스트롬 교수의 설문 조사에 의하면 인공지능 전문가 대부분은 2070년경이면 지금보다 더 강력한 인공지능이 도래할 것이라고 전망하고 있다. 그러나 『마음이 태어나는 곳』[30]이라는 저서로 유명한 게리 마커스는 "인공지능은 완만하게 발전하겠지만 특이점이 오거나 인공지능이 인간의 마음을 재현하는 시기는 100년이나 200년 뒤가 될 것이다"라고 다른 견해를 제시했다.[31] 긍정적으로 생각하기로 하자. 아직도 반백 년이나 남았지 않은가! 그동안 준비하자!

자동화의 함정과 직업의 위기

긍정적으로 생각한다고 해서 상황의 심각함을 무시해서는 안 된다. 사실 산업 현장에서 자동화는 꾸준히 이루어지고 있다. 그 결과 우리가 알게 모르게 직업의 모습이 많이 달라지고 있다. 가장 먼저 주목해야 할 것이 재택근무의 출현이다. 엘빈 토플러는 『제3의 물결』에서 미국의 저명한 회사 대표들 중 다수가 업무의 25% 많게는 75%를 의사소통수단이 갖추어진 자기 집에서 처리한다고 했으며, 영국의 경영사상가 찰스 핸디는 20년 전에 발간한 『비이성의 시대』에서 F인터내셔널이라는 영국 회사를 소개했다. 이 회사는 직원의 70% 이상이 집이나 지역 작업실에서 일한다고 한다.[32] 이제 스마트폰이나 노트북 컴퓨터로 무장한 현대인들은 자신이 있는 곳을 바로 작업장으로 만들 수 있다. 카페에서도 버스를 타고 가면서도 사무를 보는 경우가 많이 나타나고 있다. 그뿐만 아니라 인간의 직업 자체가 줄어들고 있다. 직업의 위기 시대가 도래한 것이다. 과거와 다른 점은 과거에는 주로 기계가 인간의 육체 노동을 대체했다면 현재는 기계가 인간의 정신 노동까지도 대체하기 시작했다는 점이다.

기계가 나 대신 힘든 일을 해 준다면 싫어할 사람은 없을 것이다. 그러나 의사, 변호사 등 사람들이 선망하는 직업마저도 인공지능이 대체한다면 보통 일이 아니다. 자율주행 자동차는 여러 단계에 걸쳐 개발되고 있다. 미래 완전자율주행 자동차 단계에 들어가면 아예 운전대가 없어질 것이라고 하니, 적어도 운전기사 직업은 위험에 처할 것이다. 또한 지금도 어디에 전화하면 어눌한 목소리로 안내하는 경우가 있다. 그러면 인공지능 비서가 작동한 거겠거니 생각하게 된다. 위협받고 있는 직업이 단순히 의사와 변호사뿐이라고 생각하면 오산이다. 언론의 경우 이미 로봇 기자가 인간 대신 기사를 쓰기 시작했다. 디자이너 역시 인공지능 기술의 여파로 업무의 상당 부분은 인공지능에게 이전될 것으로 전망된다. 결국 직업의 위기는 자동화가 진전되면서 인공지능이 인간을 대체하는 위험이다.

자동화 탈출과 인공지능과의 협업

자동화로 인한 직업의 위기에서 탈출하려면 결국 두 가지 중 한 가지를 선택할 수밖에 없다. 과거 산업혁명 시대의 러다이트 운동처럼 기계를 제거해야 하는가 아니면 기계와 협업해야 하는가 하는 선택의 기로에 서게 된다. 도도히 흘러가는 역사의 거대한 강줄기 중 하나인 인공지능의 출현을 적대할 수만 있을까? 과거 러다이트 운동에 참여했던 사람들이 반대한다고 해서 산업혁명의 흐름이 중지되었는가? 오히려 영국에서 시작된 산업혁명은 여러 나라로 확산되었다. 철도의 역사를 보면, 영국에서 철로가 건설되고 증기기관차가 달리기 시작하자 그 기술은 유럽뿐만 아니라 순식간에 인도, 미국에까지 확산되었다.[33] 오늘날 인터넷 시대에는 그 확산 속도가 더 빠를 것이다. 저자의 대학 시절 서울에 타자 학원들이 많이 있었다. 그러나 컴퓨터가 출현하자, 타자 학원들은 컴퓨터 학원으로 바뀌었고 교육 내용도 타이프라이터 교육에서 컴퓨터 교육으로 바뀌었다. 학원도 변신해 살아남았고, 과거 타자수를 지망했던 사람들은 컴퓨터 사용 기술을 배움으로써 직장의 변화된 상황에 적응해 나갔다. 만약 사람들이 타자수 되기만 고집했더라면 어떻게 되었을까? 인공지능이 기계라고 싫어할 것이 아니라 인공지능과의 협업을 진지하게 고려해야 할 때라고 본다.

인공지능 시대의 특징들

시대정신이라는 용어가 있다. 어떤 시대가 있으면 그 시대의 특징을 한 마디로 요약할 수 있는 용어가 시대정신이라고 할 수 있다. 그러면 인공지능 시대의 시대정신은 무엇일까? 여러 가지가 있겠지만 가장 많이 회자되는 용어는 포스트 휴먼 시대라는 용어이고, 직업의 미래 관점에서 보자면 직업 전환의 시대이다. 그리고 기술실업의 문제로 실업이 증가하는 시대이기도 하다. 그러한 새로운 시대 조류에 들어가 보자.

인간과 인공물이 공존하는 시대가 오고 있다.

인공지능 시대라는 용어가 나오기 전에 사실 20세기 후반부터 포스트 휴먼 시대라는 용어가 학계에 나왔다. 20세기 후반에 들어서면서 "블레이드 러너"라는 영화에서 보듯이 사이보그가 논의되기 시작했다. 그리고 "터미네이터"에서 보듯이 로봇이 나타났다. "스타트랙 : 넥스트 제너레이션"에 나온 데이터 같은 인공지능 로봇이 대중에게 깊은 인상을 남기고 있다. 현재는 포스트 휴먼 시대라고 일컬어진다.[34] 21세기 들어 로봇과 인공지능 연구가 본격화되자 인공지능과 로봇이 공상과학 영화나 SF소설에만 등장하는 것이 아니라 실생활에 나오기 시작했다. 이러한 것들이 더욱 포스트 휴먼 시대를 부추기고 있다. 브루노 라투르 같은 기술철학자들은 일찍이 사람 혼자서 성과를 내지 않는다는 점을 발견했다. 그래서 사람과 인공물의 공존이라는 개념을 고안했다.[35]

현대를 대멸종 시대라고도 한다. 생명체들의 숫자는 급격하게 감소하고 있다. 결국 인간은 가축 대신 새로운 파트너를 찾아야 한다.

인류 역사를 돌이켜 보면 과거 인간의 친구는 동물이었다.[36] 그러나 현재 동물 친구들은 우리 곁에 있는가? 개, 고양이를 제외하고는 닭, 돼지, 소 등 인간의 가축 친구들은 인간의 주변을 떠나서 모두 축사로 거처를 옮겼다. 가장 오랜 친구인 개마저도 아파트 층간소음으로 아파트에서 축출되기 시작하고 있다. 이제 인간의 파트너는 인공지능 로봇이 될 것이다. 상당수 사람들은 잘 때도 스마트폰을 옆에 놓고 잔다. 결국 미래 인간의 친구는 인공지능 기계가 될 것이다. 나는 현재의 상황을 파악하기 위해 황제 – 환관 모형을 생각해 보았다. 중국과 우리나라 왕과 황제들은 궁정에 환관을 두었다. 이들은 왕자 시절부터 황제의 친구였다. 중국 당나라 때 동남아 국가들과 교역하는 루트인 남해 무역이 활성화되자, 당나라 황제는 관세 수입을 얻기 위해 "시박사"라는 명칭의 세관을 광저우廣州에 설치했다.[37] 거기는 당시 수도였던 장안에서 한참 먼 지역이었다. 황제 입장에서는 안전하게 관세 수입을 중앙정부로 가져오기 위해 가장 믿을 만한 사람을 보내야 했다. 누구를 세관장으로 파견했을까? 바로 환관이었다. 그만큼 동양사에서 환관은 황제의 측근 중의 측근이었다. 그러면 황제의 경쟁 세력, 견제 세력은 누구였을까? 대신들이었다. 요즈음으로 말하면 장관,

황제–환관 기본 모형

| 인간–인공지능 | v. | 타인 |

차관들이었다. 따라서 황제와 환관이 한편이 되고 다른 한편에는 대신 세력들, 즉 귀족 세력들이 있었다.[38]

이제 이러한 황제 – 환관 모형을 현재의 상황에 적용해 보자. 이제 사람들은 가축이나 다른 인간보다 더 인공지능을 신뢰할 가능성이 크다. 여기에는 두 가지 요소가 작용하고 있다. 한 가지는 사람과 사람 간의 경쟁이 극심해져서 서로 사랑이 식어가고 있다는 점이다. 요즈음에는 서로 전화도 잘 안 하는 분위기이다. 바로 전화하기보다는 문자 메시지를 보내서 상대방에게 전화해도 되냐고 묻는 것이 새로운 예절이 되었다. 그만큼 역설적으로 기계가 발달할수록 기계가 사람 사이에 끼어들어 정작 사람끼리의 만남은 줄어들고 있다. 그런 반면 경계 안 해도 되니까, 기계니까 하면서 인공지능 비서와는 속마음을 털어놓고 이야기한다.

걱정스러운 점은 사람이라는 존재가 본시 물건에 감정 이입을 잘하는 존재라는 점이다. 뉴로 마케팅 연구에 의하면, 기능적 자기공명영상[fMRI][39]으로 두뇌를 연구한 결과 피 실험자들은 붉은색 페라리 스포츠카를 볼 때와 거친 사막에서 말을 타고 가는 카우보이를 볼 때 뇌에서 같은 부위가 활성화되는 것으로 나타났다.[40] 결국 인간의 두뇌는 스포츠카와 사람을 구별하지 않고 있다! 즉, 사람과 기계를 구분하지 않는다.[41] 이렇게 되면 인간 각자가 소황제 같은 존재가 될 것이다. 그리고 로봇 3원칙은 유명무실해질 것이다. 로봇 환관들은 소황제를 위해 예전 환관들이 대신들을 공격했던 것처럼 타인을 공격할 것이다. 인공지능은 환관 같은 존재이다.

기술실업 사태가 오고 있다

위대한 경제학자 중에 존 메이너드 케인즈라는 영국 출신 경제학자가 있다. 케인즈가 제시한 개념 중에 기술실업이라는 용어가 있다. 핵심 내용은 기술이 변했을 때 새로운 기술에 적응하지 못한 사람들은 실업 상태에 놓여진다는 것이다.[42]

기술실업의 영향을 받을 경우는 다음과 같다. 첫째, 반복적인 직무일 때다. 반복적인 직무는 금방 프로그램화해 자동화될 위험성이 크다.[43] 둘째, 중간 숙련 근로자일 때다. 근로자를 고숙련 근로자, 중간 숙련 근로자, 미숙련 근로자로 나눌 때, 고숙련 근로자는 인공지능이 대체하기 어려운 전문성을 가지고 있으므로 살아남는다. 미숙련 근로자는 사소하지만 복잡하게 엉켜 있는 일들을 저렴한 가격에 감당하고 있으므로 굳이 인공지능이나 로봇으로 대체할 일이 없다. 그러나 중간 숙련 근로자는 타격을 입을 것으로 전망된다.[44] 더구나 기존의 근로자들은 아직 인공지능 기술에 익숙하지 않아서 필요한 기술과 자신이 가지고 있는 기술 간 불일치가 심각한 상황이다. 맥킨지 글로벌연구소 제임스 메니카 소장이 주장하듯이, 이제 국가적 차원에서 기술의 불일치로 인한 기술실업을 줄이기 위해 직업 훈련 계획을 수립해야 한다.[45]

기계는 넘쳐나는 반면, 사람은 줄어들 것이다

인공지능 시대에 가장 확실하게 드러날 특징으로는 사람은 줄어들고 기계는 넘쳐난다는 점을 들 수 있다. 그리고 가장 유망하게 부상할 산업은 로봇 산업일 것이다. 각국이 경쟁적으로 로봇 산업을 육성하게 되면 오늘날 자동차를 생산하듯이 로봇이 대량 생산될 것이다. 따라서 로봇은 넘쳐날 것이다. 그러나 인간은 갈수록 희소해질 것으로 전망된다. 단순하게 생산 비용만 비교해 보아도 그 이유는 알 수 있다. 사람을 생산하기 쉬운가? 로봇을 생산하기 쉬운가? 로봇은 오늘날 자동차 공장에서 자동차가 생산되듯이 표준화된 제품이 생산될 가능성이 크다. 그러나 인간은 육성하기 까다로워 더 이상 자연적 산물이 아니라 인적 자본이 되고 있다. 노벨경제학상 수상자 게리 베커 교수에 의하면[46], 인간은 더 이상 자연적 인간이 아니라 자본화된 인간이다. 자본의 정의는 "생산된 생산수단"이다. 그 의미는 자본이 동물과 같이 자연에서 탄생한 것이 아니라, 인간에 의해 여러 공정을 거쳐 생산된 수단이라는 말이다. 그런데 이제는 인산이야말로 신정한 사본이라고 말한다.

사람의 일생을 생각해 보자. 태어나자마자 직장인이 되는 것이 아니다. 엄청난 공을 들여야 한다! 태어나서 7살까지 부모가 금이야 옥이야 돌본다. 더군다나 학력 인플레이션이 심한 우리나라의 경우 초등학교 6년, 중·고등학교 6년 그리고 대학 교육 등 최소 10여 년이라는 장구한 시간을 들여야 직장인이 될 수 있다. 만약 전문가 소리를 듣기 위해 박사 과정을 밟는다면 30대 중반이 되어야 겨우 명함을 내밀 정도가 될 것이다. 과거에는 15세, 즉 지금 중학교 3학년 학생부터 노동할 수 있다고 간주했다. 그에 비해 오늘날 인간은 생산하는 데 들어가는 시간 등을 고려해 경제적 관점에서 보면 너무 비싸졌다. 한마디로 요약해서 투자 대비 가성비가 너무 나빠졌다. 따라서 인간이라는 존재가 생산될 가능성이 줄어들고 있다. 그것이 오늘날 현대 문명의 저출산 원인인지 모른다. 그런 반면에 기계는 생산하는 데 그러한 장시간이 필요 없다.

최근 30만 톤 초대형 유조선 시대가 열리고 있다. 30만 톤이면 60 킬로그램 나가는 성인 5백만 명 무게에 해당한다. 그런데 그러한 거대한 유조선 한 척 만드는 데 2년에서 3년 정도 걸린다고 한다. 유조선에 비하면 개미처럼 작은 사람은 사회에 나가는 데 20년 이상 걸린다. 그렇다면 사람이 훨씬 비싼 존재이다. 그런 면에서 앞으로 인간보다는 인공지능 로봇을 채용할 가능성이 더욱 커지고 있다. 그래서인지 모든 나라에서 출산율이 하락하고 있다. 인간 부존량은 줄어드는 반면, 인공지능 로봇은 대량 생산되어 넘쳐나면 결국 적은 숫자의 인간은 다른 인간과 협업하기보다는 풍부하게 널려 있는 로봇과 협업을 할 수밖에 없을 것이다.

나. 인공지능에 대한 인식 격차

본 절에서는 우리나라 사람들이 인공지능에 대해 어떤 인식을 가지고 있는지 소개하고자 한다. 이를 위해 저자의 최근 연구를 중심으로 이를 살펴보고자 한다.

저자는 우리나라 20대, 40대, 50대 연령층을 대상으로 인공지능에 대한 인식을 설문 조사하고 이를 바탕으로 인공지능 인식에 대한 논문을 발표한 바 있다.[47] 조사 결과, 인공지능에 대해 사람들의 인식 격차가 있는 것으로 나타났다. 즉, 인공지능이 발전하고 있음에도 인공지능과 감정 교류를 회피하는 비중이 상당히 크게 나타났다. 또한 인공지능을 협력의 대상으로 보기보다는 인간의 보조수단으로 보는 비중이 상당한 것으로 나타났다.

인공지능과 감정교류 거부

일본은 60세 이상 인구가 20%가 넘어 초고령 사회가 되었다. 다른 국가들도 예외는 아닐 것이다. 일본에서는 고독한 노인들을 위해 개의 형상을 한 반려견 로봇이나 물개를 닮은 로봇이 개발되고 있다. 목적은 노인들에게 정서적 위안을 주는 것이다. 처음부터 인간과 로봇이 정서적으로도 교류를 할 수 있다고 본 것이다. 우리 연구에서는 인공지능과 인간 간 감정적 교류를 어떻게 생각하는지 알아보았다.

첫째, 인간 입장에서 인공지능과 감정적 교류를 할 의사가 있는지 물어보았다. 이 질문에 대해 연령대와 관계없이 응답자의 절반가량은 인공지능과 감정적 교류를 한다는 생각 자체를 싫어했다.

둘째, 인공지능이 인간과 정서적으로 상호 작용이 가능할 정도의 능력이 있다고 생각하는지 물었다. 이 질문에 대해 연령대와 관계없이 절반 이상이 인공지능은 인간과 정서적 상호 작용 능력이 없는 것으로 보고 있었다. 그리고 적지 않은 사람들이 인공지능 능력에 대해 확실한 입장을 가지고 있지 않았다.

인공지능을 하인으로 간주함

우리나라가 자랑할 만한 문화유산의 하나로 근대 단편소설이 있다. 그중에 나도향의 『벙어리 삼룡이』라는 단편소설을 읽은 적이 있었다. 그 소설은 주인을 충직하게 따르는 하인의 모습을 리얼하게 그려 독자의 심금을 울렸다. 벙어리 삼룡이는 주인 내외를 성심으로 모실 뿐만 아니라 주인이 자기를 구타하는데도 묵묵히 인내하는 모습을 보여 주었다.

이번 조사에서는 사람들에게 인공지능의 존재를 어떻게 생각하는지 물어보았다. 인공지능이 벙어리 삼룡이처럼 주인을 충직하게 따르는 하인이나 인간의 도구여야 하는지, 아니면 인간과 동등한 존재로 생각하는지 알아보았다. 조사 결과, 20대 연령층과 40대 연령층은 응답자의 절반 이상이 "인공지능이 인간의 보조적 역할을 해야 된다"라고 응답했다. 현실에서는 급격하게 인공지능의 능력이 향상되고 있는데 사람들의 인식은 이를 따라가지 못하는 것으로 나타났다.

인공지능과 협업 의사를 나타냄

인공지능 시대를 맞이해 각자가 자기의 직장에서 인공지능과 협업할 의사가 있느냐는 중요한 문제이다. 이는 시대 변화에 대응해 우리들이 얼마나 준비되어 있는지를 나타낸다고 하겠다. 이를 알아보기 위해서 조사에 응한 사람들에게 인공지능과 협업할 의사가 있는지 두 가지로 물었다.

첫째, 인간과 인공지능은 상호 협력적인 존재라고 생각하는지 질문했다. 동 문항에 대해서 응답자 중 절반 이상의 사람들이 인공지능을 협력해야 할 대상으로 인식하고 있었다.

둘째, 인공지능과 업무를 상호 협력해 수행할 의사가 있는지 질문했다. 이 질문에 대해서도 응답자들은 절반 이상이 그렇게 할 의사가 있다고 대답했다.

따라서 절반 이상의 응답자들은 다가오는 인공지능 시대에 인공지능과 협력할 의사가 있는 것으로 나타났다. 그러나 두 질문 모두 공통적으로 확실한 판단을 미루는 응답자들이 전체의 30% 정도로 나타났다. 이러한 연구 결과는 개인들에 대한 인공지능 교육 필요성을 보여 준다.

함축성

이번 인공지능에 대한 인식 조사에서 일관성 있게 나타난 바는 연령층에 관계없이 일정한 비율로 인공지능을 준비하고 있는 집단과 준비가 늦은 집단이 존재한다는 점이다. 즉, 항상 3분의 1 정도는 확답을 꺼렸다. 이는 정확한 마음의 결정을 하지 못했다는 의미이다. 또 3분의 1은 적극적으로 인공지능 시대에 대비하겠다고 말했다. 나머지 3분의 1은 인공지능 시대에 적응하는 것을 거부하는 느낌이 들었다.

이번 연구 조사는 극히 적은 300명을 대상으로 실시한 조사이다. 결코 일반화하기는 어렵지만 시사하는 바는 있다고 보여진다.[48] 연구 결과를 보면 우리 국민들은 인공지능을 준비하는 사람들, 인공지능에 대해 유보적 태도를 가지는 사람들, 인공지능을 거부하는 사람들, 이렇게 3개의 층으로 나뉜다. 이는 중대한 함의를 가진다. 즉, 상당수 사람들은 인공지능 자체를 싫어한다는 것이다. 따라서 사회 전체적으로 안정을 이루려면 이들에 대한 배려를 해야 한다.

2. 인공지능 시대의 주역

― 인간, 인공지능, 로봇

데이터를 지배하는 자가 머신러닝을 지배한다.

― 페드로 도밍고스, 「마스터 알고리즘」

가. 천재들의 시대

인공지능 시대는 몇 명의 천재가 주도해 왔다. 그들이 하나의 전환점을 이루었다. 대표적인 인물로는 인공 신경망 모형을 개척한 제프리 힌튼, 요수아 벤지오, 사이보그의 미래를 보여 주는 레이 커즈와일, 소셜 로봇의 창시자 신시아 브리지엘, 협동 로봇 제작자 로드니 브룩스 등을 들 수 있다. 그들을 중심으로 인공지능 시대를 이해해 보자.

제프리 힌튼과 인공 신경망

오늘날에 이르러 인공지능은 활짝 만개하고 있는 느낌이다. 그동안 인공지능 연구는 여러 차례 추운 겨울을 지났다.[49] 컴퓨터 성능이 비약적으로 향상됨에 따라서 인공지능 역시 능력을 나타내고 있다. 특히 21세기 들어 캐나다 토론토대학의 제프리 힌튼 교수 주도하에 인공 신경망 딥러닝 모형이 새로운 시대를 열고, 컴퓨터 성능의 향상, 소셜미디어 산업, 인터넷을 통한 빅데이터 생산이 결합하면서 새로운 시대로 들어섰다.[50]

딥러닝이나 기계 학습 등이 가동되려면 막대한 양의 데이터가 필요하다. 그만큼 데이터가 중요한 것이다. 현대는 소셜 미디어[51]와 사물인터넷[52] 등에서 대량의 데이터가 발생할 것이다. 따라서 딥러닝 모형은 계속 활용될 것이라고 본다.

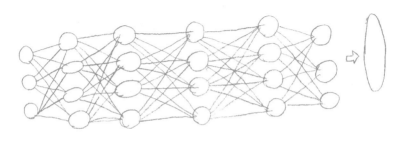

▲ 인공 신경망 모형

요수아 벤지오와 반지도 학습

요수아 벤지오 교수는 캐나다 토론토대학 교수로 제프리 힌튼 교수와 함께 현재의 인공지능 르네상스를 이끌고 있는 인물이다. 인공 신경망에 토대를 둔 현재의 인공지능 기술은 상당수 지도 학습 알고리즘을 사용하고 있다. 지도 학습이란 인간이 인공지능을 학습시킬 때 정답을 알려 주고 학습시키는 것이다.[53] 이를 위해서 인공지능에 입력하는 모든 데이터에 특징이 무엇인지 이름표를 달아 주어야 한다. 예를 들어 고양이 사진이면 고양이라고 이름을 붙여서 입력한다. 인간 아기는 적은 데이터로도 상황을 인지한다. 그러나 인공지능은 학습을 위해서 엄청난 양의 데이터를 필요로 한다. 미래 목표는 적은 양의 데이터를 입력해도 인공지능이 일을 할 수 있도록 하는 것이다. 요수아 벤지오 교수는 정답이 있는 데이터와 정답이 없는 데이터 모두를 활용해 데이터양을 줄여 주는 생성적 대립 신경망 모형[GAN]을 만들었다.[54] 완전 지도 학습도 아니고 완전 비지도 학습도 아닌 상태라서 반지도 학습이라고 부른다.[55]

레이 커즈와일과 사이보그

레이 커즈와일은 저서 『특이점이 온다』에서 2045년경 인공지능의 능력이 인간과 비슷해지거나 인간의 능력을 능가하는 시대가 온다고 말했다.[56] 그러면서 인간은 결국 사이보그로 진화한다는 주장을 했다. 사실 앞으로 웨어러블 기기 사용이 일상화되면 웨어러블 기기를 몸에 부착한 인간 자체가 하나의 사이보그가 될지도 모른다.[57] 커즈와일은 사이보그가 인간의 신체에 기계 부속을 갈아 끼운 존재이며, 인간이 수명이 다하더라도 자동차 낡은 부품을 갈아 끼우듯이 인간의 육체를 수선함으로써 새로운 진화의 단계로 들어간다는 견해를 밝혔다. 결국 사이보그란 순수한 생명체로서의 인간과 순수한 기계인 로봇 간의 혼합체라고 간주할 수 있다. 미래 사회는 결국 100% 자연생명체로서의 인간, 100% 기계 부품으로 구성된 로봇 그리고 인간과 로봇의 합성체, 이렇게 세 종족으로 구성될지 모른다. 어떻게 보면 수명을 연장하기 위해 인간은 나이가 들면 자발적으로 부품을 갈아 끼울지 모른다. 그 전조로서 웨어러블 장치들이 나오고 있다.

신시아 브리지엘과 소셜 로봇

로봇은 향후 진정한 의미의 인공지능이 될 것이다. 몸체가 없는

▲ 소셜 로봇

인공지능은 한계가 있다. 결국 SF소설에 나오는 바와 같이 궁극적으로는 로봇의 몸체에 인공지능이 탑재될 것이다. 인간과 로봇 간의 협업을 위해서는 인간과 상호 작용하는 로봇이 필요하다. 이러한 소셜 로봇을 처음 만들어 낸 사람이 MIT대학 박사 과정에 재학했던 신시아 브리지엘이다. 브리지엘 박사는 인공지능 연구실에서 인간과 로봇의 상호 작용을 연구하기 위해 터키어의 '행운'을 의미하는 말에서 이름을 따온 키스멧을 개발했다. 키스멧은 함께 있는 사람의 말과 행동에 따라 표정과 움직임이 달라지는 등 인간과 상호 작용할 수 있도록 프로그래밍된 감성지능형 로봇이다. 안구에 들어 있는 카메라와 소형 무선 마이크 등으로 주위의 상황을 인식하고 눈썹, 눈꺼풀, 안구, 입술, 귀 등 인간과 같은 얼굴 부위를 사용해 기쁨과 슬픔, 놀라움, 웃음 등 매우 많은 표정을 보여 준다.[58]

로드니 브룩스와 협동 로봇

로봇의 아버지라고 불릴 사람은 여러 명 있을 것이다. 한스 모라벡 같은 이는 자신이 개척자라고 할 것이고, 더 멀리 가면 사이버네틱스를 창시한 전설적 인물인 노버트 위너[59]도 제어장치를 개발했으므로 원조라고 할 만하다. 그러나 이들은 구름 속에 노니는 신선 같은 존재들이고 세속에 가장 가까운 인물이 로드니 브룩스이다. 그는 대학 교수 시절 곤충을 닮은 로봇 징기스를 개발했다.[60] 그리고 대학 교수직을 박차고 나와서 리싱크 로보틱스를 창업하고 협동 로봇을 내놓기 시작했다. 왜 로드니 브룩스는 안정적인 직업인 대학 교수직을 왜 박차고 나왔을까? 아마 그는 로봇 시대의 현인으로서 미래를 내다보았을 것이다. 결국 인간과 로봇은 서로 협동할 수밖에 없다는 점을 꿰뚫어 보았을 것이다.

협동 로봇은 문자 그대로 인간과 협업을 전제로 설계한 로봇이다. 지금까지 자동차 산업 등 산업 현장에 투입된 로봇은 외로운 존재였다. 왜냐하면 자기의 구역에서 홀로 묵묵히 작업해야 했기 때문이다. 그러나 협동 로봇은 인간과 같은 공간 내에서 있으면서 협업을 한다. 향후 인간 – 로봇 협업 시대가 본격적으로 도래하면 협동 로봇의 잠재력은 상당할 것이다.

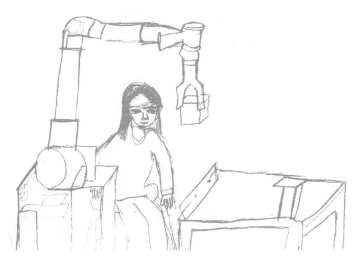

▲ 협동 로봇

나. 주역들 간의 상호관계

인공지능과 인간

인공지능도 마음이 있는가? 인공지능과 인간의 구별은 무엇인가? 인공지능도 마음이 있을 수 있는가? 아니면 그냥 논리연산기계인가? 지금도 인공지능에게 과연 마음이 있는가를 두고 학계에서 열띤 토론이 벌어지고 있다. "인공지능도 마음이 있는가?"에 대한 질문이 제기되면 그 질문은 자연스럽게 "인간은 마음이 있는가?"에 대한 질문으로 이어진다. 이 책을 읽고 있는 독자들도 인간에게 마음이 있다는 점에 의문을 제기하면 오히려 그 의문을 제기한 사람을 이상한 눈초리로 쳐다볼 것이다. 아니 사람이란 원래 마음이 있는 것이 아닌가? 왜 의심을 하는가 하고 말이다.

최근 들어 가장 핫한 학문 분야가 무엇이냐고 묻는다면 대부분의 사람들은 뇌과학이라고 답할 것이다. 최근까지도 인간의 장기 중에서 가장 난해한 부분이 인간의 두뇌 부분이다. 그러나 21세기 들어 상황은 극적으로 반전되었다. 21세기 들어 미지의 세계로 여겨졌던 두뇌를 들여다볼 수 있는 장치를 개발했기 때문이다. 그 장치 이름은 fMRI 장치이다.

종래에는 마음이란 인간의 두뇌에 국한되는 현상이라는 생각이 지배적이었다. 그러나 fMRI 장치를 활용해 인간 두뇌를 조사했지만 어느 한 군데 마음이 발현되는 곳을 찾지 못해서 당황하고 있다.[61] 그로 인해 극단적으로는 마음이란 없다고 하는 주장까지 나오는 실정이다. 그러나 다른 한쪽에서는 마음이란 인간의 신체와 두뇌의 상호 작용 속에서 발현된다는 이론도 나오고 있다.

결국 몸은 생각보다 중요하며, 오랫동안 학계의 정설로 자리 잡고 있던 마음 – 신체의 이원론은 깨진다.[62] 즉, 인간은 마음과 신체 두 부분으로 이루어져 있고, 정신적 작용인 마음은 두뇌에서 발생하고, 육체적 작용은 신체에서 이루어진다는 생각이 도전받고 있다. 마음이 두뇌와 육체 간의 상호 작용에 의해 발생한다고 본다면[63], 인공지능이 인간처럼 마음을 가지려면 인공지능 역시 신체가 있어야 제대로 작동할지 모른다.

인간과 인공지능의 관계에서 "인공지능도 감정을 가져야 하는가?" 이 질문에 대해서 먼저 "인간은 감정을 가져야 하는가?"라고 질문해 볼 필요가 있다. 서양에서는 이성과 감정 중 무엇이 떠받들어져 왔는가? 철학 하면 실제로 읽어본 사람은 많지 않겠지만, 칸트의 『순수이성비판』, 『실천이성비판』 같은 책 제목이 떠오를 것이다. 그러나 『순수감정비판』, 그러한 책 제목은 없었던 것 같다. 그런 책 제목에서 보듯이 서양 학문에서는 전통적으로 이성은 존중되고 감정은 무시되어 온 면이 있다. 뉴로마케팅이라는 학문이 있다. 여기서는 인간의 호르몬 작용을 통해 인간의 의사결정이 어떻게 이루어지는지 연구한다. 연구해 보니 감정은 인간의 의사결정에 중요한 역할을 하는 것으

제1장 인공지능과의 협업은 준비해야 하는가?

로 나타나고 있다.[64] 사실 인간은 쇼핑몰에서 가서 물건을 고를 때 이미 직관적으로 무엇을 살 것인지 결정한다는 것이다.[65] 그 후 그 물건을 왜 사야 했는지 이유를 만들어 낸다고 한다. 결정은 감정이나 직관이 하고, 설명은 이성이 하는 것이다. 따라서 인간의 의사결정에서 감정이나 직관은 매우 중요한 요소로 판명되고 있다.

두 번째 질문은 인공지능끼리 서로 화를 내기도 하고, 서로 좋아할 수 있는가? 이다. 인간이 인간과 서로 공감대를 가질 수 있는 것은 거울 뉴런이라는 두뇌의 신경세포가 있기 때문이라는 것이 밝혀졌다.[66] 인간은 옆 사람이 다쳤을 때 자기는 전혀 멀쩡하고 다치지 않더라도 주위 사람이 다친 광경을 보기만 해도 마치 자기가 다친 것처럼 느끼는데, 이는 거울 뉴런의 존재 때문이라고 한다. 그러면 인공지능에도 그러한 설계를 할 수 있는가? 혹은 하는 것이 바람직한가 하는 문제로 귀결된다. 그러나 인공지능이 감정을 표현하기 시작하면 또는 인간의 감정을 인식하게 되면 복잡한 일이 일어나게 된다. 왜냐하면 인공지능이 감정을 가지게 되면 오히려 인간이 인공지능에게 너무 의손할 위험이 존재하기 때문이다.[67] 군사 로봇과 함께 전강을 누빈 군인들은 로봇에게 계급을 붙여 주고 승진시키기도 한다. 로봇 강아지 아이보를 키웠던 여성 사용자의 경우 로봇이 지켜본다고 생각해서 욕실에서 옷을 벗을 때 문을 닫는다.

인간과 사이보그

사이보그 역시 인구에 회자된 지 오래되었다. 저자는 1960년대 어린 시절에 벌써 사이보그라는 용어가 나오는 만화를 본 적이 있던 것으로 기억한다. 레이 커즈와일이나 유발 하라리 교수는 인간이 사이보그로 진화한다는 견해를 밝혔다. 사실 거기까지 갈 것도 없다. 현

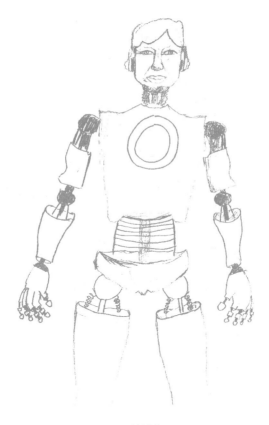

▲ 사이보그

재도 인간은 많은 기계를 주렁주렁 달고 다니고 있다.[68] 누구나 아이 팟, 스마트폰, 스마트 워치 등 많은 것들을 주머니 속에 넣어 다니거나 피부 위에 걸치고 있으며, 자동차라는 철제 박스에서 많은 시간을 보내고 있다. 심지어는 동물에도 기계 장치를 단다. 얼마 전 인터넷 뉴스에서 미국 어떤 사람이 10년 전에 잃어버린 반려견을 되찾았는데 반려견 몸에 심어져 있던 칩으로 그 반려견이 과거 자신이 키우던 반려견임을 알았다고 한다.[69]

이미 보험 산업에서는 인슈어테크 기술이 상용화되고 있다. 건강 보험의 경우 웨어러블 기기를 몸에 장착해, 인간의 맥박, 혈압, 체온 등을 실시간으로 서버에 전달해 인간의 몸 상태를 점검하고 이에 따라 처방을 내리기도 한다.[70] 영화 "아이, 로봇"에 나오는 것처럼 인간의 팔이나 다리 일부를 기계 다리나 기계 의수로 대체해 인간의 신경 세포와도 연결시킬지 모른다. 그렇게 본다면 이미 우리는 사이보그 전 단계에 다다른 것인지도 모른다.

사실 인간은 진화론 입장에서는 예외적 존재이다. 찰스 다윈은 『종의 기원』에서 신화론의 증서로 영국의 공장 지대에서 재집된 나방이 공장의 시꺼먼 굴뚝 연기에 적응해 농촌 지역 나방과 색깔이 다르다는 연구 결과를 제시하고 있다. 이처럼 다른 종들은 환경이 변화하면 자신의 몸체를 변화시키는데, 인간은 신체를 변화하는 대신에 각종 기계를 몸에 두르고 다닌다.

인간과 로봇

의인화 논쟁―로봇이 얼마나 인간을 닮아야 하는가?

인공지능 로봇을 설계할 때 인간의 외모와 비슷하게 하려고 많은 노력을 기울이고 있는 것이 현실이다. 조금이라도 인간과 비슷하게 만들어야 로봇의 구매자인 사람들이 좋아하고 호감을 가질 것이라고 생각하기 때문이다. 그러나 도대체 로봇은 얼마큼 인간을 닮아야 하는가 하는 것이 문제이다. 또는 정말 로봇의 외모가 인간을 닮으면 사람들은 좋아할 것인가? 하는 문제가 있다.

최근 로봇 디자인 분야에서는 Uncanny Valley 이론이라는 것이 활발하게 논의되고 있다. 동 이론에 의하면 초기에 로봇의 외모가 인간을 닮아갈수록 인간의 호감은 증대한다. 그러나 로봇의 외모가 인간의 외모와 너무 비슷해지면 오히려 인간은 로봇에게 공포를 느끼게 된다.[71] 이와 관련해 어떤 로봇의 경우 오히려 인간과 외모가 달라야 사람 마음이 편안해질 때도 있다. 예를 들어 신체검사하는 로봇이 있다고 하자. 신체검사를 받으려면 옷을 벗어야 하는데 인공지능 로봇이 너무 인간과 외모가 닮아서 마치 인간과 비슷한 느낌을 갖게 된다면 탈의한 사람은 마치 모르는 사람 앞에서 탈의한다는 착각에 빠지게 될 수도 있다.

로봇 윤리

SF소설의 원조 작가는 아이작 아시모프이다. 저자는 미국 유학 시절 도서관에서 아이작 아시모프 소설을 여러 권 빌려서 읽었다. 아이작 아시모프의 소설 중에 로봇이 인간을 살해한 사건이 주된 스토리인 소설이 있다. 어떤 수사관이 인간이 살해된 사건이 벌어진 행성에 파견된다. 로봇이 인간을 살해하는 것은 예외적인 일이었기 때문에 행성연합 연방수사관이 그 행성에 사건을 수사하기 위해 파견된 것이다. 소설은 어떤 이유로 그런 극단적인 일이 벌어졌는지 탐색하는 것으로 이야기를 풀어간다. 아마 이 소설인가에 "로봇은 인간을 살해하면 안 된다" 등 로봇 3원칙이 제시된 것 같다. 지금도 이 로봇 3원칙이 인공지능 전문가들 사이에 회자되고 있다.

인공지능이 자율성을 가지게 되면 어떤 일이 걱정될까? 도둑 한 사람을 경찰 열 명이 잡기 어렵다는 말이 있다. 인공지능이 인간을 속이려고 마음을 먹는다면 과연 인간이 그것을 사전에 알아낼 수 있을까? 결국에는 인공지능 로봇 스스로가 그러한 일을 하지 않도록 예방하고 설계하는 것이 필요할 것이다. 이를 위해서 사선에 도봇을 설계할 때 아예 양심회로 같은 것을 기계적으로 로봇의 신체 내에 내장해야 할지도 모른다. 아니면 소프트웨어를 설계할 때 인공지능 프로그램 내부에 그러한 논리 구조를 넣을 수도 있을 것이다.

멀리까지 안 가도 가까운 미래에 자율주행 자동차가 도로 위를 달리게 될 것이다. 당장 여러 자동차 회사들이 자율주행 승용차와 자율주행 트럭을 시험가동하고 있다.[72] 그런데 여기에는 복잡한 문제가 하나 있다. 교통사고가 나지 않았으면 좋겠지만 만약 교통사고가 나서 행인이 다치는 일이 발생했다고 하자. 누가 행인의 피해를 보상해 줄 것인가? 자율주행 자동차 제조 회사인가? 자율주행 자동차 소유주인가? 자율주행 자동차 운행자인가? 더욱이 먼 미래에 완전 무인 자율주행차가 가동된다고 하자. 이때는 자율주행 자동차 회사와 자율주행 소유주와 자율주행 자동차 간 책임분배 문제가 발생할 것이다. 그러면 인간이 아닌 자율주행 자동차에게 책임을 물을 수 있을까? 사고 원인이 압도적으로 그 자율주행 자동차에만 있다면 책임을 물어서 자동차를 감옥에 보낼 수 있을까?

학자에 따라서는 전자 인격을 인정하자는 견해도 제시하는데 그 근거로 로마제국 시대 인간 노예를 든다. 로마제국 시대 노예는 사람이었지만 물건으로 취급되어 거래되었다. 그러나 노예 중에서는 학식이 뛰어난 노예도 있었다. 그러한 노예에 대해서는 자산 보유도 인정되었다고 한다.[73] 이를 근거로 전자 인격을 인정하자는 것이다. 향후 이러한 문제들은 심각한 문제로 대두될 것으로 보인다.

3. 인공지능 시대의 협업 전략

사람들은 자기 이익부터 챙기는 데도, 인류 문명에는 협력이 있어 왔다.
— 액설로드, 「협력의 진화」[74]

가. 부분과 전체

『부분과 전체』는 불확정성 원리로 유명한 노벨물리학상 수상자 하이젠베르크의 저서 제목이다.[75] 인공지능을 공부하면서 생각난 책 제목이다. 인공지능도 일부분은 여기저기서 귀동냥을 할 수 있지만 전체 모습을 파악하기란 어렵다. 인공지능 기술은 어떤 한 분야에만 국한된 것이 아니라 상당히 방대한 분야에 걸쳐 있기 때문이다.

저자가 조사한 바에 의하면 인공지능 기술은 예상하지 못한 데까지 속속들이 영향을 미치고 있다. 예를 들어 인공지능 기술은 농업, 제조업뿐만 아니라 디자인, 보험, 교육 등 다양한 산업에 영향을 주고 있다. 따라서 인공지능 기술의 영향을 전혀 받지 않는 분야는 없으리라고 본다.

에드먼드 펠프스라는 경제학자는 '섬의 우화'로 유명하다. 펠프스는 국가가 여러 개의 섬으로 구성되어 있다고 가정했다. 섬인 만큼 자기가 살고 있는 섬에서 물건 가격들이 올랐을 때 이러한 현상이 모든 섬에서 일어난 전반적인 문제인지, 자기가 사는 섬에서만 일어나는 문제인지 알 수 없다. 그래서 이를 알아보려면 다른 섬으로 보트를 타고 가 볼 수밖에 없다.[76] 이러한 비유는 인공지능의 확산에도 적용할 수 있을 거라고 본다.

오늘날 전문화된 사회는 마치 누구나 자기만의 섬에 살고 있는 것과 마찬가지이다. 저자도 대학에 근무하지만 주로 경영대학 건물로만 출퇴근하다 보니 다른 단과대학인 인문대학, 공과대학, 수의과대학에 누가 교수로 있는지 알기 어렵다. 우리는 특정 직업에 종사하고 있으므로 다른 직종에서 인공지능이 어떤 영향을 발휘하고 있는지 알기 어렵다. 그러나 나아갈 방향을 정하려면 전체 그림을 보아야 한다.

나. 아놀드 토인비와 인공지능

역사학은 인공지능과는 관계가 적어 보인다. 그러나 산업혁명이라는 용어가 개입되면 역사학은 인공지능과 갑자기 가까워진다. 왜냐하면 제4차 산업혁명에서 산업혁명이라는 용어는 역사학자인 아놀드 토인비가 『역사의 연구』에서 처음 사용했기 때문이다. 그렇게 본다면 역사학은 인공지능과 관련이 있다고 볼 수 있다.

사실 대중과 언론이 인공지능에 관심을 가지게 된 계기로 제4차 산업혁명이라는 용어의 등장을 들 수 있다. 2016년 유럽 다보스 포럼에서 슈밥이라는 학자가 제4차 산업혁명이 시작되었다고 선언했으며

⁷⁷, 독일에서 인더스트리 4.0이라는 개념이 실질적으로 도입되면서 전면에 부각되었다. 몇 년 전 혜성처럼 나타나 인공지능 시대 도래를 예고한 유발 하라리 교수 역시 이스라엘의 히브리대학교 역사학과 교수이다. 사회과학 중에서 예측을 하는 학문으로는 경제학이 있다. 경제학은 경제 모형을 연립방정식 체계로 만들어서 몇 년 뒤 상황을 예측한다. 다만 경제 구조 자체가 변화하면 모형의 파라미터 계수 값도 변하므로 장기 예측은 쉽지 않다. 그렇게 본다면 역사학이야말로 가장 긴 시간의 장기적 시계열 분석이라 할 수 있다. 역사적 관점에서 협업을 살펴보자.

다. 인간 협업의 역사

농업혁명 — 인간과 가축의 협업

보통 사람들은 산업혁명 하면 기계를 떠올리겠지만 실질적으로 인류의 역사에서 가장 큰 획을 그은 산업혁명은 농업혁명이다.

원래 인류 초기 사회는 몇십 명 정도가 하나의 집단이 되어 이리 저리 돌아다니는 수렵 채집 사회였다고 한다. 수렵이란 짐승을 사냥한다는 의미이고, 채집은 길이나 나무에 달려 있는 과일이나 길에 떨어져 있는 열매, 땅에 자라고 있는 식물 중에서 먹을 만한 것들을 주워다가 식량으로 삼는 사회를 의미한다. 이들이 보관하고 있던 씨앗

이 땅에 떨어져 식물이 자라고 이를 수확하는 과정에서 농업 기술이 발전했을 것이다.[78]

인류에게 문명을 가져다준 농업의 도입은 불가피하게 농사를 짓기 위해 가축과 협업에 들어가게 했다. 즉, 야생동물을 가축으로 만든 것이다. 멧돼지를 돼지로 만들고, 야생 소를 가축인 소로 만들고, 개와 양과 말도 모두 가축화했다. 가축과 협동함으로써 비로소 인류는 노동생산성을 올릴 수 있었다.[79] 수렵 채집하며 유랑하던 인간 집단은 정착하면서 비로소 인구가 불어나고 문명을 만들었다. 지금의 이라크 지역에 해당하는 곳에 우르라는 인류 최초의 도시가 있었다고 한다.[80] 농업이라는 산업은 가축이라는 존재의 도움으로 그 이전과 비교해 노동생산성이 크게 높아졌다.

산업혁명 — 인간과 기계의 협업

인류 역사상 두 번째 산업혁명은 제조업을 탄생시킨 변혁이다. 제2차 산업혁명은 불과 240년 전에 태동되었다. 240년 하면 상당히 긴 시간이고 오래전 일이라고 생각하기 쉽지만, 한 세대를 30년이라고 하면 불과 8세대 전의 일이다. 그렇게 보면 산업혁명 시대와 21세기 초인 현대는 멀리 떨어져 있지 않다. 농업의 출현은 길게 보면 1만년 전이다. 그러면 농업의 출현은 330세대 이전의 일이다. 산업혁명의 시작은 농업에 비하면 극히 최근의 일이다.

산업혁명에서 인간 협업의 두 번째 파트너는 증기기관이었다. 영국에서 와트가 증기기관을 정교하게 만들었고 그 결과 증기기관은 기차, 기선 등 운송수단에 혁신을, 공장에는 에너지를 가져왔다. 최초의 공장식 제조 방식인 매뉴팩처manufacture는 손手으로 작업하는 공장제 수공업이었다. 아담 스미스가 『국부론』에서 묘사한 핀 제조 공장이 그 예이다. 그러나 기업가가 도시 교외에 공장을 짓고 기계를 가동함으로써 대량 생산이 시작되었다.[81] 그때부터 인간은 노동생산성을 올리기 위해 기계와 협업을 시작했다.

정보통신혁명 — 인간과 컴퓨터의 협업

정보통신혁명은 컴퓨터가 인간 협업의 세 번째 파트너로서 들어옴으로써 실현되었다. 이는 특히 20세기 후반부에 퍼스널 컴퓨터가 출시되면서 가능해졌다. 무어의 법칙에 의하면 컴퓨터 칩의 성능은 2년마다 두 배씩 증가한다.[82] 그럼에도 가격은 획기적으로 저렴해진다. 이때부터 기업이 아닌 개인도 퍼스널 컴퓨터PC들 한 대씩 가질 수 있게 되었으며, 나중에는 급기야 손 안에 컴퓨터를 들고 다니게 되었다. 더구나 컴퓨터와 컴퓨터가 연결되면서 인터넷으로 가상공간이라는 새로운 공간을 만들어 내었다.

우리는 언제든 가상공간에 들어가서 지리적 경계를 넘어 물건을 사고 이메일도 보내고 있다. 미국의 세컨드라이프secondlife.com라는 웹사이트에서는 아예 그곳에서 우체국장을 하는 등 별도의 신분을 얻을 수 있으며, 주택도 분양받을 수 있다. 즉, 이중의 생활을 하고 있는 셈이다. 독일이나 미국에 사는 교포들이 온라인상에서 마치 한국에 사는 사람처럼 의사소통하고 있다. 그와 함께 지식기반경제가 도래하기 시작했다.

인공지능혁명 — 인간과 인공지능의 협업

인공지능의 출현으로 모든 것이 변화하고 있는 지금의 시대는 네 번째 산업혁명이라고 해서 제4차 산업혁명이라고 한다. 인간 협업의 네 번째 파트너는 인공지능이다. 물론 인공지능만이 제4차 산업혁명을 이끄는 모든 변화의 동인이 아니다. 그 외에도 사물인터넷, 블록체인[83], 빅데이터, 유전자 가위 기술, 3D 프린팅 기술들 등의 과학 기술이 어우러져 17세기 과학혁명 시대 이후 가장 급격하게 변모하면서

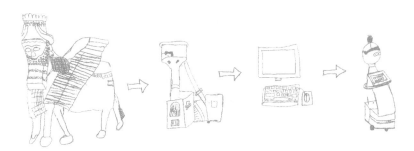

▲ 인간 협업의 역사

제4차 산업혁명을 이끌고 있다. 그러나 그중에서도 인공지능이 가장 심대하게 영향을 주고 있다고 판단된다. 이제 왓슨과 같이 의사들은 이미 인공지능과 협진하고 있다. 또한 변호사들도 인공지능 변호사와 협업할 수밖에 없는 상황이다.

과거 기계라고 하면 인간이 완벽하게 통제하고, 인간의 말을 듣는 수동적 존재를 의미했다. 예를 들어 굴착기, 트랙터, 자동차 등은 기계이다. 이들은 인간이 운전대를 사용해 운전해야만 가동된다. 그러나 인공지능은 특히 기계 학습이 되면서 기계 자체가 학습하는 존재로 등장하고 있다.

로봇혁명 — 인간과 로봇의 협업

인공지능 시대는 인공지능의 출현으로 막을 내리지는 않을 것이다. 인공지능은 로봇과 결합해 인공지능 로봇으로 진화하고 있다. 인공지능 로봇이야말로 진정한 의미의 SF소설을 통해 인간의 상상력을 자극했던 로봇이다. 제4차 산업혁명이 전개됨에 따라서 고성능 로봇은 스마트공장에서 필수적인 존재가 될 것이다. 결국 단순한 고정 프로그래밍 로봇들은 학습이 가능한 인공지능 로봇으로 대체될 것이다. 인공지능이 장착된 로봇들은 제조업뿐만 아니라 서비스업 등으로 퍼져 나갈 것이다. 로봇의 확산 단계에 들어서면 로봇은 대량 생산되어 각 가정마다 로봇을 활용하게 될 것이다.

지금까지 소프트뱅크 등이 페퍼 등 로봇을 선보였지만 폭발적인 수요 증가는 없었다. 그 이유는 쓰임새가 약했기 때문이다. 만약 앞으로 집에서 청소도 하고, 주인과는 대화 상대가 되어 주면서, 아이들 교사 노릇까지 하는 로봇이 200만 원대에 판매된다면 이야기가 달라질 것이다.

라. 인공지능과의 협업 전략

인간과 인공지능의 협업은 단순히 같이 일하는 것만이 아니다. 매우 다양한 형태가 가능하다. 미국에서 주목받는 경영학자 중에 토머스 데이븐포트 교수가 있다. 최근 그는 인공지능 시대에 인공지능을 인간의 노동력을 대체하는 관점에서 보는 것을 지양하고 인간의 노동력을 증강시킨다는 관점에서 보라는 참신한 시각을 제시했다.[84] 사실 자동화는 단순히 인간 노동을 기계로 대체하는 것이지만 이는 해답이 아니다. 그리고 자동화에는 한계가 있다. 인간 사회의 모든 부분이 자동화될 수 없다.

본 절에서는 토머스 데이븐포트 교수의 개념을 확장해 다양한 협업 전략을 제시하기로 한다. 앞에서 기술했지만 인도 우화에 코끼리와 장님 우화가 있다. 마을에 코끼리가 들어왔다. 코끼리를 볼 수 없는 장님들은 코끼리를 만져서 코끼리를 파악해 보려 한다. 그러나 거대한 코끼리의 일부분만 만져서는 코끼리가 어떤 동물인지 파악하기는 힘들다.

　어쩌면 일반 직장인들도 그와 비슷한 상황에 처하게 될지도 모른다. 경험에 따라서 각자 다르게 인식하고 있다. 우리 모두가 인공지능 시대 앞에서 앞을 보지 못하는 존재가 될지도 모른다. 전체를 보지 못하고 그저 자기의 전문 분야 관점에서 부분만 바라보고 있다. 누구도 전체를 보지 못한다.

　인공지능이라는 존재를 코끼리라고 상상해 보자.[85] 우리는 코끼리를 올라타기도 하고, 옆에서 코끼리와 동행하기도 한다. 또한 어떤 이는 코끼리 앞에서 코끼리를 이끌기도 한다. 어떤 이는 아예 코끼리에 관심을 끊고 자기 길을 혼자 가기도 한다. 어떤 이는 코끼리를 어떤 작업장에 보내어 목재를 나르는 일을 시키려 한다. 그는 목재 사업장 사장과 흥정을 벌이기도 한다. 누구는 사람들에게 코끼리 타는 법

▲ 인공지능 시대의 협업 전략

을 가르치기도 한다. 누구는 코끼리가 병들지 않았는지 계속 코끼리 건강 상태를 체크하기도 한다. 이처럼 코끼리와 관련해 많은 역할들 이 있다.

선도자―큰 그림 그리기

선도자 전략은 인간이 인공지능보다 우위에 서는 전략이다. 인류 사회에는 언제나 예언자적 존재들이 있어 왔다. 말하자면 현인, 지혜 로운 자이다. 경제학에서의 존 메이너드 케인즈는 경제에 소비가 중 요함을 천재적 머리로 파악해 냈다.[86] 그는 『고용 이자 및 화폐에 관 한 일반이론』에서 공급 중심의 경제학을 수요 중심의 경제학으로 바 꾸었다. 과거 시대는 물건이 귀한 시대였다. 따라서 물건을 만들기만 하면 팔리던 시대였다. 그러나 기계가 도입되고 대량 생산이 현실화 되면서 물건을 만들어 산처럼 쌓아놓게 되자 팔리지 않게 되었다. 그 는 대량 생산 시대에 대한 일종의 예언자인 셈이다.

인공지능 분야에서 선도자는 일종의 예언자 역할을 수행한다. 단 순히 인공지능이 진화하는 것을 보고만 있는 것이 아니라 인공지능의 앞길을 내다보고 먼저 그 길을 개척하는 사람을 의미한다.[87] 따라서 시장에서 경쟁기업을 선도하는 선도기업과 마찬가지로, 기업 내부에 서 인공지능 미래 방향을 선도한다. 이들은 큰 그림을 그릴 줄 아는 사람들이다. 기업 내부 직원으로서 다른 사람이 가지고 있지 않은 비전을 가지고, 그 기업이 성장하기 위해서는 인공지능 시스템을 어떻게 발전시켜 나가야 하는지 알고, 또한 필요하면 외부 인공지능 시스템 도입에 대한 의사결정에 개입하는 사람이다. 즉, 어떤 기업의 인공지능 파트 또는 기업 전체의 방향 및 비전과 인공지능의 개발 방향 등을 미리 내다보고 감지하고 먼저 그 청사진을 제시하는 사람이다. 기업 내부에서 고위직을 차지한다.

꿈 실현 전략

선도자의 위치에 도달하기 위해서는 대학에서 컴퓨터과학이나 인공지능 석·박사를 취득하고 인공지능의 작동에 대해 잘 알아야 한다. 그리고 여러 분야를 거치면서 인류 역사 전체를 마음으로 숙고하는 자세를 가져야 한다.

관리자 ─ 감독자 되기

관리사 전략 역시 인간이 인공지능보다 우 위에 서는 전략이다. 어떤 기업에 인공지능 시스템이 도입된다고 하더라도 이 시스템이 항상 정상 작동하리라는 법은 없다. 과거 컴퓨터 시스템이 처음 기업에 도입될 때에도 많은 시행착오가 있었다. 따라서 컴퓨터 시스템 전체를 관리하는 관리자가 필요했다. 마찬가지로 인공지능 시스템이 기업에 도입될 경우, 회사 직원들은 대부분 인공지능이 어떻게 작동하는지 모를 것이다. 어떻게 보면 인공지능은 블랙박스이다. 인공지능의 결과물은 이해하기가 어렵다. 예를 들어 보자. 최근 인공지능의 대명사가 된 인공 합성망 딥러닝 모형은 여러 층의 은닉층을 내부에 가지고 있다. 입력층과 출력층 사이에 은닉층이 많을수록 결과는 선명하게 나온다. 문제는 출력층의 정보를 다시 은닉층으로 역전파하는 과정에서 내부에 어떤 상호 작용이 있는지 알기 어렵다. 이세돌과 알파고의 대국에서 알파고가 둔 수 중에는 인간 기사들로서는 이해할 수 없는 엉뚱한 수도 있다. 인간 기사들은 그 수가 패착이라고 생각했으나 경기가 종료된 뒤에 보니 신의 한 수였다. 즉, 인공지능은 인간이 이해하기 어려운 수를 둔 것이다! 그런 것처럼 인공지능은 인간이 이해하기 어려운 의사결정도 내린다. 이처럼 내부 과정에 대해 인간이 이해하기 어렵다면, 인공지능이 내놓은 결과에 대한 신뢰성은 약해질 것이다. 따라서 인공지능 시스템이 어떤 결과를 낼 때 이 결과가 타당한 것인지 인공지능 시스템을 지속적으로 모니터링할 필요가 있다. 기업 입장에서는 이런 일을 할 전문가 집단이 계속 필요할 것이다. 이들은 기업 내 인공지능 시스템을 감독하는 기능을 담당한다.

꿈 실현 전략

이러한 위치에 도달하기 위해서는 대학에서 컴퓨터과학이나 인공지능을 공부해 이 분야에서 전문성을 획득하고 인공지능의 작동 구조 및 기술에 대해 잘 알아야 한다.

독립자 — 인간 우위업종 개발하기

모든 비즈니스가 모두 인공지능의 영향력하에 있지는 않을 것이다. 결국 대별해 보자면 비즈니스는 인공지능이 영향력을 행사하는 분야와 영향력이 적은 분야로 나뉠 것이다. 인공지능의 영향력이 광대하기는 하지만, 그래도 인공지능의 현재 능력상 인공지능이 어려워하는 분야가 있을 것이다. 그런 분야를 개척하는 것이다. 즉, 인공지능의 세계로부터 독립해 전문화시키는 방법이다.[88]

앞에서 말한 바와 같이, 모라벡의 역설에 의하면 인공지능에게 쉬운 것은 인간에게 어렵고 인간에게 쉬운 것은 인공지능에게는 어렵다. 즉, 인공지능에게는 어렵고 인간에게는 쉬운 분야를 찾아야 한다. 처음부터 아예 인공지능과의 협업을 포기하고 별도로 길을 개척하는 것이다. 예를 들어 인간의 감성이 중요하거나 인간의 창의성이 비용절감 요소보다 우위에 서는 분야가 있을 것이다. 그런 분야를 찾아내어 전문가가 되는 것이다. 그렇게 하면 설령 인공지능 시대가 된다고 하더라도 생존할 수 있다. 내표적인 분야가 예술이다. 일찍이 철학자 니체는 "예술가는 고안해 낼 뿐만 아니라 내버리고 검토해 정리하며 수정하고 정돈하는 일에서도 권태를 모르는 위대한 노동자이다"라고 예술가를 높이 칭송했다.[89]

또한 그렇게 한다고 해도 완전히 비즈니스 세계에서 사라지는 것은 아니다. 단기적으로는 서로 독립적이더라도 나중에 인공지능 기업과 협력하는 날이 올 수도 있다. 그러한 꿈을 실현하기 위해서는 대학에서 인문학이나 기타 감성 관련 학문을 전공할 필요가 있다.

꿈 실현 전략

이러한 위치에 도달하기 위해서는 먼저 자기 자신이 특별한 재능을 가지고 있는지 알아보아야 한다. 그리고 세태가 어떻게 돌아가든 묵묵히 자기의 길을 고집해야 할 것이다.

융합자 — 인공지능과 공동 작업

융합자 전략은 인간이 인공지능과 동등한 위치에 서는 전략이다. 인공지능으로부터 도망치는 것이 아니라 인공지능을 공부해서 인공지능이 작동하는 데 필요한 존재, 즉 인공지능에게는 필수불가결한 존재가 되는 것이다. 인간세포 속에 있는 미토콘드리아는 원래부터 세포 내부에 있던 존재가 아니라 외부에 있다가 인간세포 깊숙이 침투해 인간세포의 일부가 된다. 그런 것처럼[90] 인공지능과 융합하는 존재가 되는 것이다. 인공지능과 인간의 밀접한 협업으로 마치 하나의 단위처럼 되는 것이다. 융합자의 경우에는 조직 내에 인간 융합자가 없으면 인공지능 자체가 작동하지 않는다.[91]

인더스트리 4.0 시대의 스마트공장은 사이버 물리 시스템으로 작동한다.[92] 여기서 근로자는 로봇, 센서들과 함께 스마트공장의 구성원으로서 핵심적인 역할을 담당한다. 이처럼 내부 융합 전략은 향후 직무의 성격이 변하게 되면 많이 발생할 유형의 협업 전략이다. 미래 변호사사무소의 경우 인간 변호사는 인공지능 변호사와 협업을 하게 될 것이다. 과거에는 인간 변호사가 전체 소송사건 절차 과정을 모두 커버했다면 미래의 변호사사무소는 고객 대응, 고객 자문, 고객 상담과 같은 부분은 고객인 인간과 공감 능력이 있는 인간 변호사가 담당하고, 법조문 검색, 증거 수집 등은 인공지능 변호사가 담당하며, 승소 가능성, 법리 검토 등 고도의 업무는 인공지능 변호사와 인간 변호사들이 협동으로 결정하게 될 것이다. 그러하다면 인간은 변호사 업무의 내부 융합자가 될 것이다. 병원의 방사선학과에서도 영상 판독 부분은 인공지능이 담당하고, 환자 대응, 최종 판정 등은 인간 의사가 담당하는 등 인간은 치료 업무의 내부 융합자가 될 것이다. 사실 기존의 많은 직업들에서 이러한 융합 전략이 가장 빈번하게 나타날 것으로 전망된다.

꿈 실현 전략

내부 융합 전략에 성공하기 위해서는 인공지능에 대한 이해가 필수적이다. 그리고 인공지능을 이해하기 위해 인공지능에 대한 추가적인 학습이 필요할 것으로 보인다. 인공지능 이주민이 조직에 융합되기 위해서는 추가로 인공지능에 대한 학습을 해야 한다. 대부분 온라인 강의 등을 통해 인공지능의 속성 등을 공부해야 할 것이다. 특히 인공지능 이주민[93]의 경우는 대학에서 인공지능을 공부한 적이 없는 세대일 가능성이 크다. 따라서 다시 대학에 입학하기보다는 사이버대학이나 온라인 강좌들을 통해 학습할 필요가 있다.

연결자 — AI 컨설팅

지금도 컨설팅 기업이 성업 중이다. 미래 인공지능이 확산되면 인공지능 기술의 도입 등 복잡한 문제를 도와주는 기업이 생겨날 것이다. 연결자란 컨설턴트 역할을 수행하는 직종을 의미한다. 과거에도 어떤 기업에 컴퓨터 시스템을 도입하려 했을 때 해야 할 일들이 복잡하고 많았다. 더군다나 무조건 값비싼 하드웨어를 도입했다고 당장 성과가 나는 것이 아니다. 컴퓨터 도입 초기 회사 직원이 컴퓨터 자체를 이해하지 못해서 값비싼 하드웨어 구입 예산만 상부에 올리고 소프트웨어 구입에 관한 예산은 고려하지 않는 바람에 컴퓨터는 도입했지만 결국 천덕꾸러기 신세가 된 일도 있었다. 또한 하드웨어와 소프트웨어를 모두 도입했다고 하더라도 그게 끝이 아니다. 컴퓨터 시스템을 운용해야 할 인력이 필요하다. 컴퓨터 도입 초기에는 중소기업이 인력 요소를 고려하지 않고 컴퓨터 시스템을 도입하는 바람에 무용지물이 되는 경우가 허다하게 발생했다. 지금도 IBM사의 인공지능 왓슨을 어느 병원이나 기업이 도입하기 위해서는 복잡한 단계를 거쳐야 한다. 인공지능 왓슨이 바로 그 병원에서의 직무, 기업에서의 직무에 투입되는 것은 아니다. 인공지능은 인지 기술로 만들어진 소프트웨어이다. 이 소프트웨어를 의료나 보안 등 다양한 산업에 도입하려면 그 산업 특유의 분위기와 구조를 고려해야 한다. 따라서 도입은 여러 단계를 거쳐야 한다. 외부 컨설팅 그룹은 이와 같은 인공지능 시스템 도입에 컨설팅을 해 주는 역할을 담당한다.

꿈 실현 전략

컨설턴트는 단순히 그 일을 잘 안다고 할 수 있는 일이 아니다. 그와 유사한 사업에서 많은 경험을 쌓고 사람을 응대하는 요령도 알고, 비즈니스 자체에 대한 감각이 있는 사람이어야 할 수 있다. 그리고 사전에 컨설팅 업무에 대한 경력이 필요하다. 그런 것처럼 연결자가 되기 위해서는 인공지능에 대한 지식과 함께 비즈니스 마인드가 있어야 한다. 즉, 비즈니스가 무엇인지 육감이 있어야 한다. 공학 지식만 있어서도 안 되고, 경영학만 전공해도 되는 일이 아니다. 비즈니스 마인드와 인공지능에 대한 전문 지식을 함께 갖추어야 한다. 그뿐만 아니라 인공지능에 대한 일을 해 본 경험이 있어야 한나.

교육자 ― AI 인재 육성하기

미래 인공지능이 확산되어서 거의 모든 산업이 인간과 인공지능의 협업 구조로 전환되면, 인류 사회에는 지각변동이 일어날 것이다.

디지털 원주민과 디지털 이주민이라는 개념이 있다. 마찬가지로 인공지능 원주민과 인공지능 이주민이라는 개념이 낯설지 않게 될 것이다. 현재 직장에 다니는 사람들은 이 새로운 시대에 적응하기 위해 인공지능에 대한 학습에 들어갈 것이다. 또한 대학생들은 인공지능 관련 과목을 수강하게 될 것이다. 그리고 일반 직장인들 중에서 일부는 대학원에 진학해 로봇 저널리즘 등을 공부하게 될 것이다. 고등학교와 중학교에서도 이와 비슷한 준비에 들어갈 것이다. 사실 벌써 그러한 일들이 벌어지고 있지 않은가! 이제 인공지능 작동 원리를 가르치는 것이 아니라 기존의 인공지능 기술을 각자의 직업에 응용하는 교육 수요가 크게 늘어날 것으로 보인다. 지금도 우리나라에서 초등학교부터 코딩 교육이 의무화되어 시행되고 있다. 따라서 교육 산업에 지각변동이 일어날 것이다. 인공지능 교육 산업의 종사자가 됨으로써 기업 외부에서 인공지능 인프라 구축에 도움이 되는 육성자 협업 전략이 나타날 것이다.

꿈 실현 전략

인공지능을 활용한 교육자가 되는 것은 일종의 교육 사업이다. 따라서 교육이 무엇인지에 대한 감각이 있어야 한다. 그렇기에 교육 산업에 종사해 본 사람이 적절해 보인다. 또한 교육학이나 교육과 관련된 학문을 전공하면서 이 분야에 들어가는 것이 바람직해 보인다.

전문가 ― 로봇 산업 전문가

여기서 전문가는 로봇 전문가를 말한다. 미래에는 결국 곤충형 로봇, 휴머노이드 로봇, 애완견 로봇, 소셜 로봇, 협동 로봇, 교육용 로봇, 수술 로봇, 제조업 로봇, 간병 로봇 등 매우 다양한 형태의 로봇이 대량 생산될 것이라고 본다. 현대의 자동차 산업 못지않게 미래에는 로봇 산업이 거대한 산업으로 출현할 것으로 전망한다. 지금은 로봇 생산 기업들의 규모가 크지 않은 경우가 많지만 미래에는 로봇 산업에 종사하는 기업이 거대한 기업 중 하나가 될 것이다. 자동차 산업의 경우 탈 것이라는 한정된 분야에 종사해도 협력업체 등 그 규모가 방대하다. 하나의 완성차 업체는 부품을 조달하는 1차, 2차 협력업체 2~3천 개 기업들과 하나의 생태계를 이루고 있다. 로봇의 경우 자동차와 달리 단순히 타고 다니는 것 이상으로 인간 생활의 매우 다양한 분야를 충족시킬 것이다. 따라서 미래 고용 창출이 유망한 분야는 로봇 전문가일 것이다.

로봇 선문가는 배우 다양한 형태를 가질 것으로 보인다. 예를 들어 보자. 미학적 관점에서 로봇을 디자인하는 로봇 디자이너, 로봇을 공학적으로 설계하는 로봇 설계 사무소, 로봇 두뇌를 담당하는 인공지능 설계 전문가, 인공지능에 들어가는 반도체 칩 전문가, 로봇 팔, 로봇 다리 등 로봇 몸체를 연구하는 메카트로닉스 전문가, 로봇이 사물을 감지하기 위해 필요한 로봇용 센서 전문가, 휴머노이드 로봇용 피부를 만드는 플라스틱 전문가[94], 로봇에 에너지를 공급해야 하므로 로봇용 에너지 전문가, 로봇은 로봇과 통신해야 하므로 원격통신 전문가 등 이루 헤아릴 수 없다.

꿈 실현 전략

현재 우리나라 굴지의 중요 산업이 된 자동차 산업 관련 기업은 불과 30여 년 전만 하더라도 대기업 계열사 중에서 별로 인기가 많지 않은 직장이었다. 그러나 오늘날에는 대학에 자동차학과까지 생겨났다. 앞으로 대학에 로봇학과들이 우후죽순처럼 생겨날 것이다. 그리고 로봇 산업은 하나의 생태계를 구축할 것이다. 따라서 다양한 분야의 사람들이 필요할 것이다. 자동차 디자이너가 중요한 것처럼 로봇 디자이너가 중요한 직업으로 부상할 것이다. 로봇이 팔리려면 로봇 디자인이 핵심이 될 것이기 때문이다. 로봇을 설계하려면 메카트로닉스 학과, 즉 기계학과 전자공학 지식을 모두 가지고 있어야 할 것이다. 또한 인공지능을 장착하기 위해서는 인공지능 소프트웨어 전문가가 필요하다.

향후 가장 파괴력 있는 산업은 로봇 산업이 될 것으로 전망한다. 따라서 각 분야에서 로봇과 자신의 전공 분야를 연결하는 비전을 세우고 준비를 해야 할 것이다.

제2장

인공지능과의 협업은
얼마나 진행되고 있는가?

알을 깨고 나와야 한다. ─ 헤르만 헤세, 『데미안』

인공지능 시대에 들어가기 위해서는 자기만의 세계라는 알을 깨고 나와
야 한다. 그것은 상당히 고통스러운 일이다. 그러나 생존하기 위해서 그래
야 한다. 기계와 협업을 하기 위해서는 관념을 바꾸어야 한다. 그리고 배워
야 한다.

1. 서비스업에서의 인공지능 협업

미래에 의사의 80%가 첨단기술로 대체될 것이다.

— 비노드 코슬라, 실리콘밸리 벤처투자가

콜린 클라크라는 경제학자가 산업을 1차 산업, 2차 산업, 3차 산업으로 분류한 이래[95], 제조업은 부동의 위치를 지켜오다가 언젠가부터 서비스업에 자리를 내주었다. 서비스업은 고용 창출 능력이 가장 큰 산업이어서 직업의 미래 관점에서 중요한 산업이다. 직업의 미래를 살펴보기 위해 서비스업에서 인공지능의 도입이 어느 정도 진행되고 있는지, 인간과 인공지능의 협업 가능성은 어느 정도인지 살펴보는 것이 중요하다.

오늘날 부모들은 자식들이 의사나 대형 로펌의 변호사가 되기를 원한다. 그러한 분야에서는 어떠한 일이 벌어지고 있을까? 또한 초고령 시대에 접어드는 지금 실버 산업에서 인공지능은 어떻게 활용되고 있을까? 이에 대해 살펴보기로 하자.

가. 인슈어테크

보험 산업은 보수적이고, 잘 안 바뀌는 산업으로 알려져 있다. 그러면 보험 산업은 인공지능으로부터 자유로울까? 아니다. 다른 산업에 비해 변화가 적었던 만큼 인공지능의 폭풍은 더욱 거셀 것이다. 인공지능을 보험 산업에 적용한 것을 보고 인슈어테크라는 전문용어가 생겨났다. 인슈어테크는 보험을 의미하는 인슈어런스라는 용어와 테크놀로지라는 용어의 합성어이다. 최근 몇 년 전부터 해외 스타트업 중에서 인슈어테크 스타트업이 크게 증가하고 있다. 그에 비해 인슈어테크에 대한 전 세계 투자액을 보면, 투자가 가장 적은 지역이 아시아 지역으로 나타나고 있다. 인슈어테크에 대한 투자의 46%는 미국에서 이루어지고 있으며, 40%는 유럽·중동·아프리카 지역에서 이루어지고 있다. 이에 비해 아시아 태평양 지역 투자는 총투자액의 14%에 그치고 있다.[96] 보험 산업에 도입되는 인공지능 기술은 머신러닝이나 딥러닝 기술이다. 이러한 기술은 대량의 데이터를 필요로 한다. 최근 보험 산업에 도입된 웨어러블 기기나 텔레매틱스 기술은 빅데이터 구축이 가능해서 보험 산업은 새로운 전기를 마련하고 있다.

보험 산업의 인공지능 기술

텔레매틱스

사물인터넷을 보험에 적용한 분야가 텔레매틱스 기술이다. 핵심 기술은 사물인터넷 기술이다. 자동차에 부착된 센서나 운전자 앱을 통해 실시간으로 차량에 대한 정보를 보험 회사 서버에 제공한다.[97] 과거에는 보험 회사와 보험 가입자는 보험 계약을 체결한 후에 사고가 나야 서로 얼굴 보게 되는데, 사물인터넷은 새로운 유형의 보험을 가능하게 한다. 즉, 보험 회사는 센서를 통해 운전 정보나 자동차 상태를 수집함으로써 보험 사기를 피할 수 있게 된다. 또한 이러한 정보를 수집해 축적된 빅데이터를 인공지능이 분석함으로써 보험 회사는 자동차 사고나 자동차 사고 위험 가능성을 세밀하게 측정할 수 있다. 보험 회사는 텔레매틱스 연계 자동차 보험에 가입할 경우 고객에게 보험료 할인을 해 주고 있다.

헬스케어 웨어러블

헬스케어 웨어러블의 범위는 다양하다. 스마트 워치를 비롯해 안경, 의류, 신발 등 사람이 착용할 수 있는 다양한 것들에 센서가 부착된 장치를 내장할 수 있다. 보험 회사는 헬스케어 웨어러블을 통해 얻은 고객의 건강 정보를 바탕으로 언더라이팅(생명보험 계약 시 계약자가 작성한 청약서상의 고지 의무 내용이나 건강진단 결과 등을 토대로 보험 계약의 인수 여부를 판단하는 최종 심사 과정) 결정과 가격 결정을 하게 된다. 현재까지는 보험 계약을 체결할 당시 건강 상태, 즉 과거의 정보만을 기초로 요율을 산정했으나 보험 가입자가 웨어러블 기기를 평소에 신체에 부착하고 있으면 고객의 혈압, 심박 수, 체온 등 기초적인 건강 정보를 실시간으로 축적할 수 있게 된다. 그리고 이 정보를 바탕으로 보험요율을 결정할 수 있다.[98]

로보어드바이저

로보어드바이저는 로봇과 자문가를 의미하는 어드바이저의 합성어로 개인 맞춤으로 자산 운용 및 관리 자문을 해 주는 자동화 자산관리 서비스이다.[99] 로보어드바이저의 특징은 인간이 직접 자문하지 않고 대부분 컴퓨터에 의해 자동화된 시스템으로 자산을 관리한다는 것이다. 또한 개인 맞춤형 서비스를 제공하며, 평균 0.5%의 저렴한 수수료, 뛰어난 접근성, 모바일 이용 가능 등의 장점이 있다. 이러한 장점을 바탕으로 자산 여력이 비교적 낮고 정보 기술을 신뢰하는 20~30대에게 인기가 있다.[100] 이러한 로보어드바이저는 보험 산업에 그대로 적용이 가능하다. 예를 들어 머신러닝 기술을 활용하면 보험 인수 심사를 자동화할 수 있다.[101]

챗봇

챗봇은 채팅과 로봇이 결합된 합성어이다. 챗봇은 사람과 상호 작용이 가능하도록 기능하는 인공지능이다. 앞으로 보험 회사에서는 인간 보험 설계사가 보험 상품을 판매하는 것이 아니라 인공지능 챗봇이 보험 상품을 판매하게 될 것이다. 현재 챗봇은 인공지능 기술을 활용해 인간의 정서를 감지하는 기능과 자연어 기능을 개선하고 있다. 문제가 되는 것은 인공지능 챗봇의 경우, 상호 작용하는 과정에서 인간의 개인적 정보가 챗봇에 기록되어 결과적으로는 개인 정보가 유출될 가능성이 있다는 것이다.

앞으로는 인간과 의사소통하는 로봇인 챗봇이 보험 판매에 활용될 전망이다. 지금까지 보험 상품의 판매에는 인간 보험 설계사의 역할이 지대했다. 그러나 보험 회사 간 경쟁이 치열해짐에 따라서 인건비 절감 압박이 거세지고 있으며, 그로 인해 미래 보험 산업에서는 챗봇을 활용하는 경우가 많아지고 인간 보험 설계사가 설 자리는 줄어들 것이다.[102]

드론

드론노 일종의 인공지능 항공 로봇이라 힐 수 있다. 이미 이미존은 물류에서 드론을 활용해 물품을 나르기도 한다. 이러한 드론은 보험 산업에도 요긴하게 활용이 가능하다. 최근 미국특허청은 드론을 보험 언더라이팅에 활용하는 특허를 내주었다.[103]

한편 악천후 상황에서 공중으로도 접근이 어려운 경우, 지상 이동형 로봇이 현장에 접근해 현장을 촬영해서 얻은 정보를 전송할 수 있다. 예를 들어 가옥, 건물이 파손되거나 지형이 구불구불한 경우는 바퀴 달린 이동체가 이동하기 어렵다. 이러한 경우 휴머노이드 로봇, 벌레를 본 딴 로봇 등 걸어 다니거나 기어 다니는 로봇이 유용하다.[104]

빅데이터

현대는 과거에는 존재하지 않았던 대량의 데이터가 생성되고 있다. 인터넷이 활성화되고 스마트폰이 전 세계로 확산되면서 스마트 소비자들은 스마트폰으로 문자 메시지, 음성 메시지 등 다양한 종류의 데이터를 생산하고 있다. 또한 사물인터넷이 도입됨에 따라서 많은 사물 기계들에 부착된 센서에서 많은 데이터가 생산되고 있다. 이들이 하나로 구축되면 빅데이터가 된다. 과거에는 이러한 빅데이터 중 정형데이터만 분석이 가능했으나 현재는 비정형데이터에 대한 분석틀도 나오고 있다.[105] 이러한 정보는 보험 산업의 지형을 바꾸고 있다. 현재 비정형데이터를 수집·분석할 수 있는 하둡 등 컴퓨터 소프트웨어가 존재하고 있으며, 시각화, 예측모형 시뮬레이션 등의 기법을 활용할 수 있다.[106]

이미지 인식 기술

현재 인공지능 기술 중 가장 각광을 받고 있는 기술은 딥러닝 기술일 것이다. 딥러닝은 기계 학습과는 달리 정답이 주어지지 않은 상황에서도 특징을 파악한다. 딥러닝 기술과 빅데이터가 결합함으로써 객체 인식 기술 분야에서 새로운 개선이 이루어지고 있다. 예를 들어 여러 층이 누적된 신경망을 활용하면, 과거의 기계 학습으로는 흐릿하게 나온 결과물을 보다 명확하게 얻을 수 있다. 사람이나 물체를 식별하는 안면 인식 기술에도 딥러닝 기술이 활용되고 있다.

보험 산업의 인공지능 협업

앞에서 본 바와 같이 보험업에 지각변동이 일어나서 챗봇이 대신 고객과 만나고, 사람 대신에 현장에 드론이 출동하고, 사람 대신 인공지능이 보험 인수를 한다면 도대체 인간이 개입할 여지는 있는가? 그것이 직업의 미래와 관련해 중요한 질문이 될 것이다.

경제학자 중에 프랭크 나이트라는 시카고대학 교수가 있다. 그는 『위험, 불확실성, 이윤』이라는 제목의 저서를 써서 경제학계에 공헌한 바가 있다. 그의 공헌은 측정 가능한 위험과 아예 측정이 불가능한 불확실성을 구분한 데 있다. 인공지능은 통계 분석이 장기이기 때문에 석어노 동세 분석이 가능해야 작동한다. 달리 말해 치음부터 어떤 사건이 고려되지 않는다면 그 사건이 발생할 확률 계산 자체가 되지 않는다. 예를 들어 1974년 오일쇼크가 전 세계를 강타했다. 그러한 사건은 과거에 발생한 적이 없는 사건이며 불확실성이 높은 사건이다. 따라서 과거 데이터를 기반으로 예측을 하는 인공지능의 예측 계산에 들어가지 않는다.[107] 즉, 인공지능은 통계를 기반으로 하기 때문에 사전에 그러한 일이 자주 벌어지지 않는다면, 인공지능이 예측을 제시할 때 고려하지 않을 것이다. 그러한 것이 현재 인공지능 빅데이터 분석의 약점이다.

따라서 과거에 일어나지 않은 사건을 미래에 예측하는 데는 인간의 직관과 지혜가 필요하다. 그러한 점에서 인공지능과 인간은 서로 협업을 해야 할 것이다. 영국의 알도스 헉슬리의 『훌륭한 신세계』라는 작품이 있다.[108] 이상 사회 유토피아에 대해 그린 소설이다. 거기에 보면 천재들로만 이루어진 사회는 오히려 잘 작동하지 않는 것으로 묘사했다. 프로 야구 팀을 보아도 1번부터 9번까지 홈런 잘 치는 타자로만 구성하지는 않는다. 1번 타자로는 일루타를 치고 나가는 타자를 배치한다. 2번 타자는 번트 대는 데 명수인 타자면 제격이다. 그리고 3번과 4번에는 홈런을 잘 치는 타자를 배치한다. 모두가 홈런 타자일 필요가 없다. 왜냐하면 홈런 타자는 동시에 삼진 왕인 경우가 많기 때문이다.

나. 실버 산업과 인간-로봇

영국의 미래학자 중에서 리처드 왓슨이라는 사람이 있다. 그는 미래 로봇의 최대 수요처로 실버 산업을 꼽고 있다.[109] 최근 100세 시대가 도래하고 있다. 일본은 2018년에 100세 이상 인구가 7만 명이라고 하고, 미국도 100세 이상 인구가 7만 명인데 2050년경에는 그 숫자가

70만 명으로 늘어날 것으로 전망하고 있다. 삼성경제연구소에 의하면 중국도 고령 인구가 급속도로 늘어나고 있다. 2035년이 되면 중국의 60세 이상 인구는 3억 8,639명이 될 것으로 추정되고 있으며, 2050년 경이 되면 60세 이상 인구는 4억 4,043만 명이 될 것으로 추정되고 있다.[110] 어느 국가나 평균 수명의 연장을 피해갈 수 없다. 이것이 현실이다! 우리나라 보험 회사들도 이제 평균 수명을 90세로 보고 보험 설계를 하고 있다.

오이디푸스의 신화 중 스핑크스가 나온다. 스핑크스는 오이디푸스에게 수수께끼를 낸다. "처음에는 네 발로 다니다가 중간에는 두 발로 다니고 나중에는 세 발로 걸어 다니는 동물이 어떤 동물인가?"라는 수수께끼다. 그러한 동물은 인간이다. 세 발 중 하나는 지팡이다. 이제 나이가 들면 지팡이든 사람이든 로봇이든 누구에게 의지하지 않으면 안 된다. 100세 시대가 되고, 120세 초장수 시대가 도래하면 인생의 후반부, 즉 90대 이후에는 거동이 불편해 요양원이나 요양병원의 신세를 져야 할 것이다. 더구나 치매 환자가 급격하게 늘어나는 상황에서 가족이 치매에 걸린 부모를 돌보기는 기혹한 일이다. 게다가 인건비도 갈수록 상승하는 상황에서 가장 유력한 대안은 휴머노이드 로봇을 활용하는 길일 것이다. 아직 노인을 부축할 만큼 정교한 로봇은 상용화가 되어 있지 않지만 미래 반드시 그러한 방향으로 갈 수밖에 없을 것이다.

지금도 요양보호사들은 어려운 일을 감당하고 있다. 거동이 불편해 누워 있는 노인을 일으켜 세워서 목욕을 시킨다는 것은 보통 어려운 일이 아니다. 아마 인간 요양보호사는 허리에 무리가 많이 갈 것이다. 그러한 일은 앞으로 로봇이 대신 행해야 할 것이다.

또한 노인의 정신 건강을 위해서 누군가가 말동무를 해 주어야 한다. 이 또한 챗봇이 사람을 대신해 노인과 상호 작용할 수 있을 것이다. 그 외에 밥을 주고 씻기거나 대소변을 치워야 하는 등 손이 많이 가는 실제 반려동물 대신 반려동물 형태의 로봇이 노인에게 크나큰 위로를 줄 수 있다. 따라서 미래 인공지능과 로봇이 가장 먼저 활용될 분야, 선두주자로 나갈 분야는 요양 산업이라고 본다.

로봇 활용 사례

말동무 로봇 나딘

나딘은 2016년 싱가포르 난양공과대학 연구진이 개발한 인간과 자율적으로 대화를 나눌 수 있는 감성지능을 갖춘 로봇이다. 감성 로봇 나딘은 특정인과 이전에 나눴던 대화를 회상할 수 있고 인간과 거의 구분할 수 없을 정도의 지능형 행동을 할 수 있다. 나딘의 외양과 이름은 연구진을 이끌고 있는 난양공과대학 미디어 혁신 연구소의 나디아 툴만 소장에게서 따온 것이다.[111] 나딘은 이미 오래전에 튜링 테스트를 통과했는데, 튜링 테스트는 컴퓨터와 대화를 나누어 컴퓨터의 반응을 인간의 반응과 구별할 수 없다면 해당 컴퓨터가 인공지능을 갖췄다고 간주하는 실험이다. 나딘은 사람들과 상호 작용을 하면서 어휘력과 지식을 확장해 나간다. 무슨 말을 해야 할지 스스로 결정하고 사람들과 대화를 나눌 수 있다. 나딘을 개발한 연구진은 나딘과 같이 인간과 상호 작용을 할 수 있는 능력을 갖춘 로봇이 치매나 자폐증을 갖고 있는 사람들에게 이상적인 친구가 될 수 있을 것이라고 전망하고 있다.

간호 로봇 로베어

간호 로봇 로베어는 요양보호사의 육체적 부담을 덜어 주는 로봇이다. 일본의 병원이나 요양원에 근무하는 요양 간호 관련 종사자들

▲ 간호 로봇 로베어

은 거동이 불편한 환자들을 하루에 평균 40번씩 들어올리기 때문에 허리에 요통을 달고 사는 경우가 많다고 한다.

일본 이화학연구소가 개발한 간호 로봇 로베어는 침대 생활을 하고 있는 고령자들을 휠체어나 욕실 등 다른 곳으로 옮기는 데 도움이 될 수 있도록 설계되었다. 특수 고무로 만들어진 팔이 마치 사람처럼 부드럽게 껴안아 준다. 팔에는 세 가지 종류의 센서가 부착되어 있어서 힘 조절이 가능하다.[112] 아직 인간의 손은 흉내내기 어려울 것이다. 2년 전 조정 전문가 특강을 들은 적이 있다. 그때 강사로 나오신 교수님이 자기 친구가 로봇 개발 전문가인데 로봇 손이 달걀을 잡을 수 있으면 대성공이라는 이야기를 했다. 인간의 손은 그야말로 정교함 그 자체이다. 향후 간호 로봇은 이러한 방향으로 개발이 진행될 것이다.

심리치료 로봇 파로

파로는 여러 가지 음색을 낼 수 있게 설계되어 있다. 그 음색은 듣는 사람의 마음을 편안하게 해 준다. 파로는 일본 산업기술종합연구소 타카노리 시바타 박사가 개발한 물개 모양의 로봇으로 부드러운 인공털로 덮여 사람이 만지면 실제 동물을 만지는 것과 같은 촉감을 느낄 수 있고 그로써 심리적인 안정을 도모한다. 5가지 종류의 센서를 활용해 사람과 주위 환경을 인식할 수 있다. 촉각 센서를 통해 만지거나 치는 것을 느낄 수 있으며, 오디오 센서를 통해서 음성의 방향은 물론 이름, 인사, 칭찬 등을 인식할 수 있다.

파로는 최근 미국의 공적 의료보험인 메디케어의 적용 대상이 되었다. 뇌졸중 후 발생하는 신체적·인지적 재활 치료가 메디케어 적용 대상이다. 파로는 비약물 요법이기 때문에 간호 서비스의 질을 향상시킨다.[113]

요양보호사와 인공지능의 협업

요양보호 업무는 업무 범위가 다양하며, 요양보호사의 업무는 크게 감정적 업무와 육체적 업무로 나뉜다. 요양보호 업무에서 감정적 업무와 육체적 업무는 복합적으로 어우러져 있으며, 육체적 업무 역시 매우 복잡하다. 이 중에서 육체적 노동 부분에 인공지능 로봇이 도입될 가능성이 유망할 것으로 전망된다. 요양보호사의 감정적 노동 분야도 나딘, 파로 등 소셜 로봇의 등장으로 인공지능 로봇의 도입이 활발할 것이다. 그러나 전체적으로 요양보호 업무는 인간 요양보호사가 할 일이 많을 것으로 전망된다.

일본의 경우 요양원에 있는 노인도 많지만, 많은 노인들이 최대한 자기가 원래 거주하던 집에서 살기를 원한다고 한다. 그와 같은 의사를 존중하면 요양보호사가 고령인 주거지를 규칙적으로 방문해서 요양보호 서비스를 제공하게 될 것이다. 그런 경우 요양보호사의 일이 매우 다양하게 나타날 것이다. 예를 들어 보자. 노인 넋두리 들어 주기 등 노인과 감정적으로 의사소통하기, 노인 대신 자녀에게 전화해 주기, 전기 회사에 전기 요금 대납하기, 식사 차려 주기, 반찬 준비하기, 방에서 커튼 걷는 것 부탁 들어 주기, 서랍에서 은행 통장 꺼내기, 장도리로 못 박기, 방안 난방기 스위치 돌려주기, 전기담요 작동 체크, 부엌 싱크대에 막힌 것 확인하기, 막혔으면 대신 기술자에게 전화하기 등 워낙 다양할 것이기 때문에 요양보호사 업무는 제너럴리스트가 행해야 할 일이다. 인공지능은 아직 한 가지 일에 전문가이기 때문에 요양보호사 업무는 제너럴리스트인 인간이 하는 것이 적합하다. 인공지능 로봇은 이러한 복잡하고 세밀하게 구성된 업무를 능숙하게 처리하는 데 아직 한계가 있다. 따라서 요양보호사 관련 직업은 나중까지 오래 살아남을 직업으로 보인다.

다. 로봇 저널리즘

언론 산업은 얼마 전부터 단순한 정보를 취합해 기사화하는 데 인공지능을 활용하고 있다. 이를 로봇 저널리즘이라고 한다. 뉴스통신사 AP는 벌써 6년 전인 2014년 7월, 실적 기사는 과감하게 로봇에게 맡기기로 했다고 발표하고 150~300단어쯤의 간단한 기사는 로봇에 맡기고 있다.[114] 우리나라 한국프로야구협회도 2군 리그인 퓨처스 리그에 로봇 기자를 도입해 경기 결과를 기사로 내보내고 있다.[115] 현장에서 로봇 저널리즘을 목격하고 있는 경제 분야 기자들은 단순 기사 업무를 거들어 주는 정도라고 평가하면서도 분석 해설 기사를 쓰지 않는 기자들에게 위협이 될 것이라고 입을 모으고 있다.[116]

인공지능 도입 사례

영국의 가디언

2013년 11월부터 종이 신문을 사람이 아닌 알고리즘으로 생산하는 프로젝트를 시작했다. '길지만 좋은 읽을거리'라는 이름의 알고리즘으로 자동 생산되는 주간 신문은 가디언 뉴스 사이트에서 길이가 긴 기사를 선별, 자동 편집해 24쪽 타블로이드 판형으로 인쇄한 종이 신문이다. 사람의 편집을 거치지 않는 최초의 종이 신문이다.[117]

포브스

언론 분야에서는 미국의 내러티브 사이언스사가 기사 작성 알고리즘 퀼로 작성한 기업 실적 분석 정보를 포브스Forbes지에 제공하고 있다. 기사의 글 솜씨, 품질은 인간 기사와 구별되지 않을 징도이고 기사 1편당 1분 내에 작성 가능할 정도로 빠르다.[118]

AP통신

로봇 저널리즘의 가능성이 확인되면서 AP통신에서도 오토메이티드 인사이트의 알고리즘 '워드스미스'를 이용해 기업 실적 분석 기사를 작성하고 있다. AP통신에서는 기업 실적 기사를 과거 한 분기에 300개 정도 송고했지만 기사 작성 알고리즘을 도입한 후 분기당 4,300여 개나 송고하는 것이 가능해졌다. 국내에서도 파이낸셜 뉴스사가 2016년부터 IamFNBOT이라는 로봇 기자를 도입해 시험 운영하고 있다.[119]

LA타임즈

미국 LA타임즈에서는 인공지능 퀘이크봇을 활용해 로스엔젤레스 주변에 발생하는 지진 정보를 실시간으로 수집, 자동적으로 기사를 작성한다. 미국 지질조사국에서 진도 3.0 이상의 지진 발생 정보를 송출하면 그 정보를 바탕으로 장소, 시간, 지도, 해당 지역의 최근 지진 발생 내역을 기사로 작성한다.[120]

워싱턴포스트

워싱턴포스트는 이미 2017년 5월 댓글에 있는 단어와 구문을 분석할 수 있는 인공지능 모드봇을 출시해 댓글 필터링 수준을 높였다. 그리고 2017년 9월에는 댓글 독자와 소통할 수 있는 인공지능 '토크'를 발표했다. 최근에는 기사 작성 인공지능 플랫폼 헬리오그래프를 활용해 워싱턴 DC 지역의 모든 고등학교 풋볼 경기를 커버하는 지역 특화 뉴스 콘텐츠를 로봇 알고리즘으로 제작하기 시작했다.[121]

중국 텐센트 드림라이터

중국의 인터넷 대기업인 텐센트가 개발한 인공지능이다. 이 인공지능은 중국의 경제 동향과 전문가의 전망을 포함하는 1,000자 분량의 경제 기사를 1분 만에 작성할 수 있으며, 작성한 기사를 포털 사이트 큐큐닷컴에 게재했다.[122]

인공지능과 기자의 협업

인공지능이 도입되면 기자라는 직업은 어떻게 될까? 저자는 기자라는 직업은 지속될 것이라고 본다. 기술이 직업에 영향을 주는 것은 17세기 사진이 도입된 뒤에 화가들의 상황을 보면 실마리를 알 수 있다. 당시 화가들은 초상화를 그려 주고 생활을 유지하고 있었다. 서양 고전파 화가 앵구르의 대표작도 초상화이다. 화가들은 세밀하게 대상자를 그리는 데 강점이 있었다. 그러다 사진이 나오게 되었고 화가들이 아무리 노력해도 사진처럼 자세하게 사람을 그릴 수는 없었다. 이러한 딜레마에서 탈출한 방법은 자연 그대로, 인물 그대로 그리는 것이 아니라 자연이나 인물에 해석을 붙이는 것이었다. 큐비즘의 대표자 파블로 피카소의 그림을 보라. 피카소 그림에 나오는 인물들이 사람으로 보이는가? 저자는 오래전에 한국에 피카소 그림이 왔다고 해서 덕수궁 미술 전시회에 간 적이 있었다. 피카소 그림 앞에 사람들이 바글바글 모여 있었다. 몸싸움 끝에 겨우 그림 앞에 도착했다. 아무리

보아도 사람을 그렸다는데 사람처럼 보이지는 않았다. 마네, 모네 등 인상파, 야수파 화가들의 그림은 자연과 인물을 해석한 것이다. 기자도 그러한 해석 기사를 쓸 수 있으므로 기자라는 직업은 앞으로도 존재할 것이라고 본다.

인공지능과 기자는 협업이 가능할 것으로 본다. 물론 로봇 저널리즘 도입이 기자들에게 미치는 영향에 대해 경계하는 목소리도 나오고 있다. 기자들이 스트레이트 기사를 쓰느라 정작 중요한 박스 기사를 쓰지 못하는 경우가 허다하다면서 로봇 저널리즘이 노력하지 않는 기자에게 위협적이라는 평가도 있다.

언론계에서는 단순 시황보다는 사람에 주목하는 기사를 써야 한다. 시황 뒤에 있는 이야기를 써야 한다. 시장 플레이어들이 생각하는 스토리를 써야 한다는 의견도 있다.[123] 전체적으로 보았을 때, 저널리즘 분야에서는 인간 기자와 인공지능이 협업할 것으로 보인다. 인공지능은 정보 검색을 담당하며, 짧은 시간 안에 단순한 사실 위주의 기사를 작성하고, 인간 기자는 인공지능이 작성한 기사를 감수하고 사건을 심도 있게 파악해 분석하는 기사를 작성하게 될 것이다. 미래에는 직장인마다 컴퓨터 한 대씩 지급되듯이 기자마다 인공지능이 한 대씩 붙을 것으로 전망된다.

라. 의사와 인공지능의 협진

　인공지능이 의료 산업에 많이 적용되기 시작하면 의사 중에 80%
는 불필요할지 모른다는 과격한 견해까지 나오고 있다.[124] 따라서 향
후 상당히 많은 변화가 발생할 분야 중 하나가 의료 산업일지도 모른
다. 인공지능의 특징은 방대한 정보를 정확하게 처리할 수 있다는 것
이다. 이것은 인간이 잘 못하는 부분이다. 인간은 제한된 합리성만 가
지고 있다. 앞으로 인간 의사와 인공지능 의사 간의 협진이 필수불가
결하게 될 것이다. 인간과 기계는 서로 다른 분야에 특별히 뛰어난 장
점을 가지고 있다. 인간이 제한된 합리성을 가지고 있다면 기계는 상
대적으로 제한 없는 합리성을 가진 존재이다. 기계는 지식을 가지고
있는 반면 인간은 경험과 지혜를 가지고 있고, 환자와 진정한 의미에
서 감정 소통 및 의사소통이 가능하다. 최근 의료 산업의 화두는 근거
중심의학이다. 최신 임상연구 결과와 환자의 생체 데이터에 근거해
최적의 맞춤형 치료법을 제공하자는 것이다. 그러나 의료 정보는 매
2년마다 두 배로 폭발적으로 증가하고 있다. 격무에 시달리는 의사들
이 최신 연구 트랜드를 따라잡기도 어렵고 환자마다 다른 수많은 바
이오 데이터를 종합적으로 살피기도 쉽지 않다. 이 때문에 다양한 데
이터를 종합 분석하고 적절한 치료법을 제안하는 인공지능 수요는 더
욱 커질 전망이다.[125]

인공지능 도입 사례

딥마인드 안질환 진단 프로그램

외국의 유명 의사가 정년퇴임 기념강연을 했다. 이때 정년퇴임하는 의사가 자신의 평생 오진율이 20%였다고 고백했다. 이에 모든 참석자들은 놀랐다. 일반 청중들은 저명한 의사의 오진율이 그렇게 높다는 데 놀랐고 참석한 동료 의사들은 오진율이 낮다는 데 놀랐다. 딥마인드가 개발한 안질환 진단 프로그램은 50가지가 넘는 안질환을 진단할 정도로 범위가 넓고 오진율이 겨우 5.5%에 그쳤다. 이러한 결과는 인공지능이 높은 기량을 가진 전문의에 육박한 실력을 가졌음을 보여 준 것이다.[126]

이스라엘 지브라 메디컬 비전 유방암 판독

유방암은 가장 발병률이 높은 암종 중 하나로 미국에서만 매년 23만 명이 새롭게 진단을 받고, 4만 명이 유방암으로 사망한다. 우리나라에서도 최근 급속히 증가하고 있는 암 중 하나이다.

이스라엘의 의료 인공지능 스타트업인 '지브라 메디컬 비전'은 유방암 진단에 특화한 회사이다. 이 회사는 인공지능을 이용해 유방 촬영술 엑스레이 사진의 판독 연구를 한다. 지브라는 구글의 인셉션 인공지능 모형을 가져와서 유방 엑스레이 사진을 학습시켰다. 구글의 인셉션은 이미지넷 대회에서 120만 장의 일반적인 이미지를 이미 학습한 딥러닝 모형이다. 지브라는 유방 촬영술 영상을 '의심스러운'과 '의심스럽지 않은'의 두 가지 종류로 구분해 보았다. 그 결과 지브라가 개발한 딥러닝 기반의 인공지능은 적어도 유방 촬영술 이미지 판독에 대해서는 영상의학과 전문의의 실력과 비슷한 수준을 보였다.[127]

기계 학습을 활용한 심혈관 질병 예측

인공지능 도입 가능성이 높은 의료 분야 중 하나는 심혈관 질병 예측 분야이다.[128] 현재 의료계에서는 미국심장병학회와 미국심장협회가 만든 '미국심장병학회 · 미국심장협회 가이드라인'을 활용한다.[129] 그러나 영국 노팅햄대학교의 스테판 웽 박사 연구팀은 기계 학습 알고리즘을 통해서 완전히 새로운 '가이드라인'을 각각 만들어 내었다. 연구 결과 인공지능이 파악한 심혈관 질병 관련 주요 위험 요소는 상당 부분 기존의 가이드라인에는 포함되지 않았다. 방식별로 가장 중요한 위험 요소를 10개씩 뽑아본 결과 인공지능은 인종 차이, 정신질환, 경구용 스테로이드 복용 등을 심혈관계 질환의 주요 위험 요소로 꼽았다.[130]

구글의 인공지능 치료 결과 예측

구글은 2018년 1월 환자의 진료기록을 딥러닝으로 분석해 입원한 환자의 치료 결과를 정확히 예측하는 인공지능을 발표했다. 이 딥러닝을 이용하면 환자가 입원 중에 사망할 것인지, 장기간 입원할 것인지, 혹은 퇴원 후 30일 이내에 재입원할 것인지 그리고 퇴원 시의 진단명은 어떻게 될 것인지까지도 높은 정확도로 조기에 예측할 수 있다. 딥러닝 이전의 연구에서는 전자의무기록 데이터 기반의 예측 모형을 만들기 위해 의료 지식을 가진 인간 전문가가 직접 중요 변수를 고르고, 데이터를 깔끔하게 만드는 등의 전 처리 과정이 중요했다. 그러나 딥러닝은 기존의 다른 기계 학습 방법과는 달리 어떤 변수가 얼마나 중요하며, 변수의 어떤 조합이 중요한지를 스스로 계산한다.[131]

인공지능 왓슨과의 협진

의사의 미래는 결국 인공지능과의 협업으로 귀결될 것으로 보인다. 현재도 협진이 이루어지고 있으며, 대표적인 예로 인공지능 왓슨

▲ 왓슨과 의사 협진

과의 협진을 들 수 있다. 미래에 의사들은 처음부터 인공지능과의 협업을 전제로 의사 교육을 받아야 할 것으로 보인다. 현재에도 많은 병과에서 기계가 역할을 수행하고 있다. 예를 들어 엑스레이, MRI, CT 등 많은 기계들이 진단에 동원되고 있다. 그러나 앞으로는 인공지능이 최종 처방에도 동원될 것으로 보인다. 현재는 레지던트급 젊은 의사와 정교수 의사와 협업으로 진료가 이루어진다. 그러나 인공지능이 활성화되면 인간 의사들끼리만 협업이 이루어지는 게 아니라 인공지능과도 협업이 이루어지며, 인공지능이 발전할수록 그 협업은 더욱더 긴밀해질 것으로 보인다. 예를 들어 인공지능이 엄청난 양의 정보를 검색해 환자의 진단 사진과 대조하고 처방에 대한 의견을 인간 의사에게 제시할 것이다.

현재 진행되고 있는 머신러닝 인공지능과 인간 의사의 협업은 인간 전문가를 완전히 대체하기보다는 인간 의사의 실수를 예방하는 차원에서 의사를 보조함으로써 관련 비용을 낮추는 형태이다.[132] 더구나 법률에서 의사는 전문 지식과 경험을 바탕으로 질병의 예방 또는 치료 행위를 할 수 있는 전문직으로 그 독점이 보호되고 있다. 간호사도 의사의 허용 없이 환자를 치료하면 무면허 의료 행위로 보아 규제하고 있다. 따라서 머신러닝 인공지능이 아무리 발전하더라도 사회적 동의에 따라서 법률을 개정하지 않고서는 인공지능이 의사를 대체하기는 어려울 것으로 보인다.

마. 리걸테크

포스트 휴먼 시대에 인공지능이 법률 산업에 많이 적용되기 시작하면 변호사라는 직업은 상당히 영향을 받을 것으로 전망된다. 사실 법률 산업의 근간은 변호사들이다. 그러나 포스트 휴먼 시대가 되면서 리걸테크라는 용어가 부상하고 있다. 즉, 판례 검색 및 법률조항 검색에서 리걸테크는 탁월한 정보를 제공할 수 있다. 더구나 리걸테크는 광범위하게 확산될 것으로 보인다. 로펌들이 인건비가 비싼 변호사들을 많이 고용하기 벅차므로 인공지능으로 눈을 돌리게 될 것이기 때문이다.

변호사들은 전체 송무 업무 중에서 관련 법률조항 및 판례 검색 등에 시간을 많이 할애해 왔다. 또한 과거에 변호사의 이미지는 평범한 일반 사람들이 모르는 법률 지식을 많이 알고 있는 존재였다. 그러나 법률 지식 분야에서 인간 변호사는 더 이상 인공지능 변호사를 당해 낼 수 없다. 앞으로 인간 변호사는 전체 송무 업무 중에서 주로 앞부분, 즉 상처받은 고객의 감정에 공감을 표시하고 가이드를 해 주는 역할을 하는 데 중점을 두어야 한다. 따라서 향후 변호사 업무를 위해 공감 능력과 협상력을 높이는 과목이 로스쿨에 개설되어야 한다.

인공지능 도입 사례

e-디스커버리

법률은 크게 영미법과 대륙법으로 구분된다. 우리나라는 대륙법 체계를 따르고 있다. 그러나 국제분쟁 해결에서는 영미법을 무시할 수 없다. 영미법은 문자 그대로 영국의 보통법에서 출발해 미국과 캐나다, 오스트레일리아 등 영연방 국가들이 도입한 법률 체계이다. 영미법과 대륙법에서 차이가 나는 분야 중 하나가 증거수집 절차이다. 영미법에서는 증거수집 절차를 디스커버리라고 부르며, 대륙법과는 달리 상당히 많은 증거를 세세하게 수집한다. 따라서 증거수집 분량이 매우 많다. 그런데 문제는 제출하는 문서의 양이 어마어마하게 많다는 사실이다. 예를 들어 독점금지법 위반 관련 재판에서 마이크로소프트는 2,500만 페이지 분량의 자료를 제출했다. 인공지능 기술은 이러한 대량의 데이터 처리가 가능하다.[133]

페어나큐먼트

페어다큐먼트는 인공지능 기술을 활용해 변호사 업무를 보조하는 서비스를 제공하고 있다. 이 회사는 인공지능 알고리즘을 활용해서 고객들의 상황과 고객이 원하는 바를 조사한 다음, 문서 초안을 작성해 변호사에게 넘긴다. 그러면 변호사는 작성된 문서를 검토해서 작업을 완료하는데 이 과정에서 변호사가 추가로 수정할 여지는 많지 않은 것으로 나타나고 있다. 고객은 변호사에게 서비스 비용을 지불하고 페어다큐먼트는 그 일부를 수수료로 받는다.[134]

JP모건은행

중견 기업의 사내 법무팀은 보통 근무 시간의 50%를 계약서를 검토하는 데 소비한다. 따라서 상대적으로 전략적인 의사결정을 위해 투자할 시간이 부족하다. 이런 이유로 외부 로펌에 의뢰하는 문서가 늘어나면서 서류 검토에 따르는 비용 부담이 기하급수적으로 늘어나게 되었다.[135] JP모건은행은 상업대출 계약서를 검토하는 인공지능 시스템을 개발했다. 변호사가 검토했다면 36만 시간이 걸렸을 것으로 추정되는 서류를 이 인공지능 시스템은 몇 초 만에 검토를 완료한다.[136]

재판 결과 예측

재판 결과를 예측하는 기술도 개발되고 있다. 예를 들어 최근의 한 연구는 기계 학습 기술을 적용해서 미국 대법원의 결정을 예측하는 프로그램을 만들었는데 이 프로그램은 현재 진행되는 사건이 아니라 이전에 있었던 재판의 데이터만을 활용했을 뿐인데도 대법원 판사들의 결정을 70% 이상 제대로 맞출 수 있었다. 이 프로그램은 각 재판관이 판결을 내렸던 사례를 모은 6만 8천 건의 판결 데이터를 분석함으로써 결과를 낸 것이었다. 그런 내용은 재판을 준비하고 의뢰인에게 조언을 해 주는 변호사들에게 필시 지극히 중요한 정보일 것이다. 영국에서도 유럽인권재판소의 판결 결과를 정확도 79%로 예측하는 시스템을 개발했다.[137]

모드리아

모드리아는 알고리즘을 활용해 고객 불만이나 온라인 마켓에서 일어나는 구매자와 판매자 간의 의견 충돌 같은 경미한 분쟁을 해결해 줌으로써 그 분야에서 두각을 나타내고 있다. 해외직구가 많아지면 소액 분쟁 사건이 많아질 것이다. 10만 원 가격표가 붙은 물건 피해를 구제받기 위해 100만 원짜리 에어티켓을 발부받는 사람은 없을 것이다. 결국 온라인 분쟁 해결 방식을 활용해야 한다.[138]

모드리아에 따르면 발생하는 문제의 최대 90%가 기업 내 고객 서비스 담당자에게 전달되기 전에 해결된다고 한다. 이 소프트웨어는 분쟁과 관련한 정보를 모으고 분석하는 것은 물론 고소인의 구매 기록과 당사자와의 거래 관계 같은 주관적인 사항까지 고려한 뒤에 환불, 구매 취소, 교환, 입금 취소 등의 관련 지침을 활용해서 양쪽 모두가 납득할 만한 해결 방안을 제안한다.

인공지능과의 협업

컨설팅 회사 맥킨지는 변호사 업무의 22%와 35%의 변호사 보조원의 업무가 자동화될 것이라고 분석하고 있다. 따라서 변호사는 인공지능 변호사와 협력해 사무실을 운영해야 한다는 점을 받아들여야 한다. 인간 변호사는 고객과의 협상 등의 업무에 집중하고 인공지능 변호사는 계약서 작성, 판례 검색 등에 집중하는 것으로 업무를 분할해야 할 것이다. 각자 장점이 있는 부분에 특화해야 할 것이다. 인간 변호사는 고객과의 협상 기술, 문화적 차이에 대한 이해 등에 대해 집중해야 할 것이다. 2000년대 들어 미국에서는 '협업변호기법'[139]이라는 새로운 분야가 부상하고 있다. 기존의 변호사는 법률 지식을 가지고 있으며 고객에 비해 우월한 존재였다. 그러나 협업변호기법은 고객과의 면담, 상대방 변호사와의 면담 등 감정적 부분을 중시한다. 만약 협업변호기법이 도입되면 변호사 사무실 업무에서 전반부 고객 담당 업무는 변호사가 하고, 중간부의 판례·법률 검색, 재판 결과 예측은 인공지능이 담당한다. 최종적으로 인간 변호사는 전체를 지휘한다.

1단계 : 인간 변호사 − 고객 면담, 상대방 변호사 면담

2단계 : 인공지능 − 관련 법률 검토, 판례 검토, 재판 결과 예측

3단계 : 변호사와 인공지능 협업 − 최종 결정

바. 물류 산업과 인공지능

포스트 휴먼 시대에 인공지능이 물류 산업에 많이 적용되기 시작하면 물류업자의 숫자가 줄어들지도 모른다는 견해가 나오고 있다. 물류 산업은 가장 커다란 변화가 이루어지고 있는 분야이다. 자율운항선박, 자율주행 트럭이 이미 실현되고 있는 실정이다. 따라서 어떤 분야보다도 인공지능의 영향이 큰 산업이라고 할 수 있다. 자율주행 자동차는 이미 부분적으로 자율주행이 가능한 단계에 이르고 있고, 특히 물류 차원에서는 자율주행 트럭의 상용화가 다가오고 있다.

인공지능 도입 사례

로보틱 항만

로보틱 항만은 무인자동화 항만을 의미한다. 1993년 최초로 유럽에서 무인자동화 항만이 등장했다. 네덜란드는 인건비가 상승하고 기술이 발전하면서 무인자동화 항만 선설에 나섰다. 무인자동화 항만은 재래식 터미널에 비해 인건비가 3분의 1만 들고 생산성이 높다. 그러나 초기 투자 비용이 크고 기술력이 요구되어서 현재 네덜란드, 독일, 중국 등에서만 운영되고 있으며 싱가포르, 부산항 등에서는 반자동터미널이 운영되고 있다.

네덜란드의 유럽 컨테이너 터미널은 로테르담항구에 개발된 세계 최초의 자동화 컨테이너 터미널로 장치장 배치 방법이 수평에서 수직으로 변경 설계한 신개념 터미널이다. 현재는 수직 배치 컨테이너 터미널이 다수 운영되고 있으나 당시에는 세계에서 최초로 배치 형태를 바꾼 획기적인 물류 시스템이었다. 또한 네덜란드는 자동화 컨테이너 운반 차량, 야드 하역 크레인을 최초로 배치한 무인 하역 시스템을 개발했다. 현재 네덜란드는 세계에서 가장 큰 규모의 자동화 컨테이너 터미널을 운영하고 있으며, 전체 면적은 265헥타르, 안벽 길이 3.6킬로미터, 수심은 16.65미터에 이르는 초대형 항만이다. 네덜란드의 유럽 컨테이너 터미널 중 다섯 곳은 완전 무인화 자동화로 운영되고 있다.[140]

미국은 2016년 4월에 미국의 서부 관문 항구의 하나인 롱비치항에 완전 무인 자동화 터미널인 롱비치컨테이너터미널을 개장했다.[141] 중국 역시 로보틱 항만 개발에 나서고 있다. 2017년 5월부터 운영에 들어간 칭다오 치엔환 컨테이너 터미널은 제1단계 2개 선석을 아시아 권역에서는 최초로 완전 무인 자동화 컨테이너 터미널로 운영하기 시작했다.[142] 2017년 12월에 운영을 시작한 상하이 양산항 4단계 자동화 터미널은 선박에서 컨테이너를 터미널로 내리는 하역 작업에서부터 트랙터 차량에서 컨테이너를 옮겨 나르고 항만의 출입구를 통과하는 전 과정이 모두 자동화된 항만이다.[143]

자율운항선박

자율운항선박이란 자율주행 자동차와 같이 무인으로 운항하는 선박이다. 이를 위해서는 여러 가지 새로운 기술이 필요하다. 현재는 여러 단계에 걸쳐서 자율운항선박을 개발하고 있다.

먼저 운행 보조화 단계는 기상 정보와 여러 가지 환경 요소를 고려해 자동으로 최적의 항로를 생성하고 이를 추종하도록 제어하는 등의 기술을 바탕으로 선원 및 항해사의 업무를 지원해 운항의 효율성을 향상시키는 단계이다. 이 단계에서는 위성통신을 활용, 선박의 운항 데이터를 육상으로 전송해 육상관제센터에서 선박의 운항 상태를 실시간으로 모니터링할 수 있도록 한다. 다음으로 부분 무인화 단계는 육상관제센터에서 선박을 원격 제어하며, 최소한의 유지·보수를 위한 선원만 남기고 선박을 자동화하는 단계이다.[144] 자율운항선박이 완전 무인화 단계에 이르면 운항 보조화 단계 및 부분 무인화 단계에서 확보한 데이터를 바탕으로 환경 및 내부 상태 인식 기술을 고도화하고 주어진 상황에서 의사결정 시스템이 자동적으로 신속하고 최적화된 결정을 해 선박 운항을 스스로 제어할 수 있게 된다. 그러나 선원이 탑승하지 않으므로 높은 수준의 장비 유지·보수 및 예측 기술이 요구된다.[145] 이와 아울러 자율운항선박의 안전한 항해를 위해서는 충돌 회피 기술이 중요하다.[146]

인공지능과의 협업

물류 산업은 예전부터 기계와 인간 간의 협업이 이루어져 온 산업이다. 20세기 초에 들어 말 대신 기관차가 철도를 따라 운행되었다. 그러나 최근의 인공지능 도입으로 인한 자동화가 진행됨에 따라서 물류 종사자의 위치는 약화될 것으로 보인다. 왜냐하면 아예 무인기관들이 확산되기 때문이다. 특히 무인자율트럭이 상용화되면 많은 운전기사들의 일자리가 위태로워질 것으로 전망된다. 이에 대한 대비책이 필요해 보인다. 운전기사 직업에서 밀려난 사람들에 대해서는 물류 산업의 다른 부분, 즉 사무직이나 물류 이동 간의 접점 등에 배치하는 방법도 생각해 볼 수 있다.

2. 제조업에서의 인공지능 협업

제조업 르네상스 시대

— 피사노 · 쉬

가. 제조업 제2경쟁 시대가 왔다

전 세계는 제조업 제2경쟁 시대로 돌입하고 있다. 제조업 제1경쟁 시대는 선진국의 기술을 습득한 인도[147], 중국[148] 등 신흥공업국들의 역습이 이루어지는 시대이다. 이러한 현상은 리버스 이노베이션[149]이라는 용어에서 잘 나타나고 있다.[150] 리버스 이노베이션은 기술혁신이 선진국에서 이루어지는 것이 아니라, 오히려 신흥공업국에서 이루어지고 첨단 기술 제품이 선진국으로 역수출된다는 의미이다. 그러나 그것으로 모든 경쟁이 종료되는 것은 아니다. 인더스트리 4.0으로 요약되는 스마트공장의 출현으로 선진국과 신흥공업국 사이에는 제조업 제2경쟁 시대가 시작되고 있다. 게리 하멜이라는 경영 전략가가 있다. 그는 '핵심 역량'이라는 이론으로 유명하다.[151] 기업의 핵심 역량에 집중하고 나머지 부분은 외부에서 조달하자는 전략이다. 즉, 모든 것을 다 잘할 수 없으니 우리가 강점이 있는 것에 노력하고 나머지는 과감하게 외국에서 조달하자는 것이다. 나이키가 대표적이다. 나이키 본사는 미국 오리건주 포틀랜드에 위치해 있다. 이들 본사는 제품의 기획, 제품 개발, 마케팅, 광고 등에 집중하고, 정작 나이키 신발은 개발도상국에서 제조 · 생산하고 있다.[152]

그동안 미국과 유럽의 다국적 기업들은 20~30년간 이러한 핵심 역량에 집중하라는 전략에 기초를 두어 글로벌 경영을 하고 있었다. 그러나 아웃소싱 결과 본국에 산업 공동화 문제가 발생하게 되었다. 즉, 산업이 외국으로 떠나버리자 고용 창출력이 크게 약화되기에 이르렀다. 이제 세계 각국들은 자국의 고용 창출과 국가경쟁력 강화를 위해 제조업의 부활을 외치고 있다. 미국은 이미 2011년 제조업 부흥 계획을 발표했으며,[153] 프랑스 역시 2010년부터 제조업 강화정책을 시행하고 있다.[154] 독일은 인더스트리 4.0 시행에 들어갔다. 일본은 2016년 제4차 산업혁명에 대비해 "일본 재흥 전략"을 수립했으며, 중국은 제조 강국을 목표로 "중국 제조 2025" 계획을 발표했다.[155] 결국 세계는 제조업 제2경쟁 시대로 돌입하고 있다. 우리도 자문해 보아야 한다. 과연 우리는 준비되어 있는가?

제조업이 부활하는 이유들

인공지능 로봇의 대두

선진국의 많은 기업들이 해외로 공장시설을 이전하게 된 것은 선진국의 인건비가 개발도상국 인건비에 비교할 때 매우 높았기 때문이다. 방글라데시와 라오스, 캄보디아의 임금과 우리나라 인건비를 비교해 보라.[156] 그러나 이제 인공지능 로봇 시대가 도래하면 인간의 노동 자체를 인공지능 로봇이 대체할 가능성이 커지므로, 인건비 격차로 인한 공장의 해외 이전은 설득력이 약해질 것이다. 독일의 아디다스 회사가 신발제조 공장을 독일에 건설한 것도 그러한 까닭이다. 과거 로봇이 제한된 범위 내에서만 활용이 가능했다면 미래로 갈수록 다양하게 활용할 수 있는 보다 정교한 로봇들이 쏟아져 나올 것이다. 사실 공장 자동화는 육체 근로자들의 고용을 크게 감축시키는 것으로 알려져 있다. 20년 전에 이미 선진국에서는 공장 자동화 여파로 육체 근로자 고용이 감소하였다. 로봇 시대가 시작되기도 전에 제조업 근로자가 크게 감소한 것이다.[157] 영국 등 선진국들이 왜 제조업에서 금융 서비스업으로 전환했는지 생각해 보라! 도도히 흘러가는 기계 도입의 역사는 이제 로봇의 등장으로 정점을 향하고 있다.

개발도상국 내의 임금 상승

시금노 개발도상국의 임금은 꾸준히 상승하고 있다. 한 세대 진에는 중국의 임금은 턱없이 낮았다. 그러나 그것은 이미 옛날 이야기이다. 현재 중국의 임금은 급상승하고 있다. 뿐만 아니라 중국의 임금 상승을 견디지 못한 다국적 기업들이 공장을 이전한 베트남[158], 그리고 베트남보다도 임금이 낮은 방글라데시에서조차도 꾸준히 임금이 상승하고 있다.[159] 이들 개발도상국 근로자들은 더 이상 참지 않는다![160] 이제 개발도상국 근로자들도 전자 제품, 오토바이, 휴대폰, 자동차 등 사고 싶은 물건에 눈을 떴으며 안락한 주거시설에 살고자 한다. 그러니 개발도상국 월급이 오를 수밖에 없다. 그렇게 되자 선진국 근로자와 개발도상국 근로자의 임금 차이가 줄어들고 있다. 따라서 해외에서 공장을 운영하는 이점이 점차 감소하고 있다.

보호무역주의 대두

1950년대 이후 거의 60여 년 지속되어 온 자유무역의 기조가 쇠퇴하고 있다. 선진국들은 경쟁력을 가졌을 때는 자유무역을 주장했지만, 항상 자유무역을 환영한 것은 아니다. 선진국 기업들이 개발도상국에 공장을 세우게 되면, 개발도상국 경영자와 근로자들은 자연스럽게 선진국의 경영 기법이나 제조 기술을 배우게 된다.[161] 따라서 선진국과 개발도상국 간 기술격차는 줄어들 수밖에 없다. 기술격차가 줄어든 틈을 이용해 가격경쟁력으로 무장한 개발도상국 제품이 선진국 시장으로 들어오게 되면, 선진국은 불편한 상황이 될 수밖에 없다.[162] 2000년부터 2010년 사이에 미국에서 인구가 가장 줄어든 지역은 자동차 산업의 메카였던 디트로이트, 철강 산업 중심지 클리블랜드, 피츠버그 등 제조업이 번성했던 지역이었다.[163] 이에 대한 반응은 다양한 형태의 무역장벽으로 나타나고 있다. 예를 들어 보자. 우리나라를 비롯해 전 세계적으로 자유무역협정[FTA]이 많이 체결되고 있지만,[164] 교묘한 방법으로 기술무역장벽이 날로 강화되고 있다.[165]

이 모두는 자유무역보다는 보호무역의 환영이 어른거리고 있는 느낌을 주고 있다.

글로벌 가치사슬의 취약점 노출

금번 팬데믹 사태는 전 세계 글로벌 가치사슬에 취약점이 있다는 것을 노출한 사건이라고 하겠다. 글로벌 가치사슬[166]은 핵심 역량은 국내에 두고 나머지는 아웃소싱한다는 전략이 확장된 결과이다. 즉, 국제 분업이 구축된 것이다. 국내에서 생산하려고 해도 외국에서 부품이 들어오지 않는다면 국내 공장은 가동을 멈추고 말 것이다.

만약 식량 사재기가 시작된다면, 외국에서 식량을 수입하는 국가들은 큰 위기에 봉착할 것이다. 우리나라 또한 예외가 아니다. 혹자는 이렇게 말할 것이다. 우리는 빵과 우유만 있으면 된다, 더 이상 쌀 소비가 많지 않으니까. 그러나 빵을 만들려면 밀가루가 있어야 하는데 우리는 밀가루의 상당 부분을 외국에서 수입하고 있다.

외국의 옥수수 가격이 올라도 남의 나라 일이라고만 여길 수 있을까? 소에게 사료를 주어야 하는데 사료에는 옥수수가 들어간다. 그러나 국내 옥수수 재배량은 충분치 않으므로 외국에서 옥수수를 수입해야 한다. 그 때문에 외국의 옥수수 가격이 상승하면 사료 가격이 상승하고 그에 따라 소고기 가격도 상승할 것이다. 또한 젖소가 생산하는 우유의 가격도 덩달아 올라갈 것이다. 그러면 우유가 들어가는 모든 제품들, 과자, 치즈, 아이스크림, 피자, 커피 관련 제품 등 상당수 식료

품 가격이 상승할 것이다. 이제는 모든 것을 글로벌 가치사슬에 맡겨 두는 것이 과연 타당한가에 대한 근본적 질문이 제기될 것이다.

새로운 산업의 출현

이미 전 세계에서 로봇 산업, 3D 프린팅 산업, 바이오 산업[167] 등 미래 제조업이 부상하고 있다. 과거에는 자동차 산업이 제조업의 간판 스타였다면 미래에는 로봇 산업이 자동차 산업 자리를 대체할 가능성이 크다. 집집마다 다양한 로봇이 사용될 것이기 때문이다. 또한 이번 팬데믹 사태에서 보듯이 바이오 산업이 주요 산업 중 하나로 부상할 것이다. 지구 온난화로 영구 동토층에 잠들어 있던 바이러스가 깨어나고 있다는 과학계의 소식도 들려온다. 앞으로 갈수록 전염병의 위험은 더욱 커질 가능성이 크다. 따라서 바이오 산업의 경쟁력은 매우 중요해질 것이다. 그리고 다른 산업을 지원하는 기능이 있는 3D 프린팅 산업이 핵심 산업 중 하나로 부상할 것이다. 이러한 기술은 신기술이기 때문에 과학 역량이 강고한 선진국과 개발도상국 간의 기술 격차가 다시 벌어질 가능성이 커지고 있다. 기술격차가 충분하다면 높은 인건비를 주고라도 선진국에서 생산할 여지가 생기게 된다.

나. 인더스트리 4.0과 스마트공장

인공지능이 가장 먼저 이야기된 분야가 제조업이다. 독일은 인더스트리 4.0을 제시한 바 있다. 인더스트리 4.0은 어떻게 보면 18세기 영국에서 최초로 공장제 수공업 매뉴팩처가 시작된 이래 가장 커다란 변화이다. 왜냐하면 인더스트리 4.0이 실현되는 현장인 스마트공장에서는 인간의 육체 노동은 극도로 절제되고 주로 로봇이 일을 하기 때문이다. 스마트공장은 로봇과 인간 근로자가 협업한다는 것이 기존의 자동차 공장 모형과의 차이점이다. 스마트공장은 아담 스미스 시대 처음 공장이 출현한 이래로 나타난 새로운 형태의 공장 모형이라고 할 수 있다.

혹자는 포드 자동차의 대량 생산 모형과 일본 토요다 자동차의 린 생산 방식을 새로운 공장 모형이라고 이야기할 수도 있겠지만 근본적으로 이 두 가지 모형은 사람이 공장에서 주요한 역할을 수행한다는 점에서 18세기 처음 출현한 매뉴팩처와 큰 차이가 없다. 그러나 스마트공상은 사람 내신에 로봇이 생산의 주역이 되고, 인간은 협업한다는 점에서 혁신적인 공장 모형이다.

제조업 현장의 인공지능 로봇

예전에는 로봇의 작업 구역에는 인간이 들어가지 않았다. 그러나 인더스트리 4.0에서는 공동 작업 공간에서 인간 근로자와 로봇이 함께 작업한다.[168] 제4차 산업혁명은 인간과 기계 기술이 협업하는 사이버 물리 시스템을 근간으로 하고 있다.[169] 스마트공장의 또 다른 특징은 일종의 유연생산 공장이라는 점이다.[170] 유연생산 공장에서는 공적 영역과 사적 영역의 구분이 모호해진다. 사이버 물리 시스템이 추구하는 물리적 시스템의 지능화 및 네트워크화로 인해서 근로자는 특정 장소로 오전 9시에 출근해 오후 5시에 퇴근해야 한다는 고정관념이 의미를 잃게 된다. 또한 노동 역시 육체 노동보다는 정신 노동의 비중이 커지게 된다. 따라서 젊은 남성 위주의 작업에서 고령 및 여성 인력의 비중이 높아지게 될 것으로 보인다.[171] 미래 공장은 다양한 연

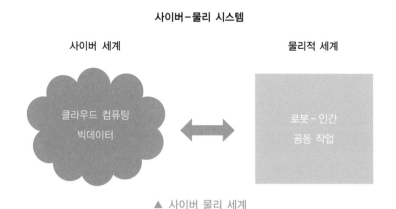

사이버–물리 시스템

사이버 세계 　　　　　　　　　　　　　 물리적 세계

클라우드 컴퓨팅　　　　　　　　　　　　　　　로봇–인간
빅데이터　　　　　　　　　　　　　　　　　　　공동 작업

▲ 사이버 물리 세계

령층과 다양한 성별로 구성된 작업장에서 개별 근로자들은 한편으로는 다른 작업자와 일하고, 다른 한편으로는 기계와 공동 작업을 하게 될 것으로 전망된다.

다. 인더스트리 4.0 기술

첫째, 인공지능 로봇 기술이다. 인공지능 로봇은 로봇에 인공지능이 장착된 것이다. 로봇에 인공지능이 장착되면 로봇의 범용성이 커진다. 인공지능을 장착하기 전에는 로봇이 제한된 일만 했다면 인공지능을 장착한 후에는 보다 유연하게 작동할 수 있어서 로봇의 생산성이 높아진다.[172] 둘째, 빅데이터 분석 기술이다. 빅데이터 분석 기술을 활용하면 기업은 훨씬 높은 수준으로 생산 공정을 세밀하게 모니터링하고 제어가 가능해진다. 따라서 유지·보수 비용이 줄어들 것으로 전망된다.[173] 셋째, 3D 프린팅 기술이다. 3D 프린팅을 활용하면 금형 없이 시제품을 만들 수 있어 생산 과정을 대폭 줄일 수 있다. 미국의 보잉 항공기 제삭 회사는 3D 프린팅 기술을 활용해 항공기 부품 2만 개 이상을 제작하고 있다.[174] 넷째, 머신비전 기술이다. 3차원 카메라를 활용해 제품 표면 검사, 물리적 결함 추적, 물체 개수 파악, 섬유 제품 색상 검사 등이 가능해지고 있다.[175]

라. 인공지능 로봇과 인간의 협업

로봇과 인공지능을 연구하는 학계에서는 기계와 인간의 협업을 단순히 기계가 일을 하고 인간이 이를 돕는 단순한 형태의 협업 단계로 보지 않는다. 해외 로봇학계에서는 인간 - 로봇 공동 작업에 대한 심층적 연구가 이루어지고 있다. 세계 4대 로봇 기업 중 하나인 ABB는 세계 최초로 인간과 협업이 가능한 양팔 로봇 YuMi®로봇을 개발했다.[176] 로봇 세계 1위 기업인 파낙은 2016년부터 엔비디아와 협력해 고성능 반도체를 로봇에 장착해 스스로 기술을 연마하는 '생각하는 산업용 로봇' 개발에 착수했다.[177] 미래 공장 형태가 인간과 로봇이 공동 작업하는 형태로 구성된다면, 인간과 사물은 하나로 통합될 것이다. 인공지능 기업인 딥마인드는 2017년 관계형 추론이 가능한 인공지능 구현에 대한 논문을 발표했다. 관계형 추론을 한다는 것은 각 정보들 사이의 상대적 관계를 파악해 논리적 결론을 내린다는 의미이다.[178] 이러한 인공지능이 로봇에 장착되면 로봇과 인간의 협업은 새로운 차원에 들어갈 것이다.

3. 농업에서의 인공지능 협업

스마트 기술은 농업생산성을 향상시킨다.

— 네덜란드

조선 시대 5백 년간 농업은 천하지대본天下之大本이었다. 즉, 국가의 기간 산업이었다. 그러나 1980년대 이후 제조업이 부상하면서 농업은 국가 기간 산업이라는 자부심을 내려놓게 되었다. 오늘날 농촌은 고령 노인들이 지키고 있다. 젊은이들은 모두 도시로 떠나갔다. 그것이 현실이다. 그러나 최근 농업이 서서히 기지개를 켜고 있다. 변화는 아무도 모르는 가운데 서서히 일어난다. 저자는 언젠가 텔레비전에서 도시 빌딩 안에서 식물을 수경 재배하는 것을 본 적이 있다. 땅이 없는데도 식물을 기르고 있었다. 이번 팬데믹 사태가 장기화되자 세계 유수의 쌀 수출국인 베트남이 수출을 금지하고 있다는 소식이 들려온다. 이제 발상의 전환을 할 때이다. 식량은 아무 때나 현금만 주면 살 수 있는 상품이 아니다. 사람은 먹어야 생존한다. 그렇다면 농업은 다시 기간 산업으로 볼 수 있다. 농업의 르네상스를 진지하게 고려할 때이다.

가. 스마트 농업의 필요성

농촌 고령화

불과 50여 년 전인 1962년만 해도 우리나라는 전형적인 농업 국가였다. 당시 한국의 총인구가 2,300만 명이었는데 그중 농업 인구는 1,900만 명이었다. 그러나 2018년 현재 농업 인구는 총인구 대비 5% 미만으로 감소했다. 우리나라보다 일찍 산업화에 들어갔던 독일, 영국, 일본의 농가 인구도 총인구의 2% 정도여서[179], 한국의 농가 인구는 더 감소할 가능성이 높을 것으로 보인다. 더구나 한국 농촌의 고령화 속도는 유례없이 빠른 속도를 보여 주고 있어 이미 65세 이상 고령화율이 35%를 넘어섰다.[180] 2018년 기준 한국 농가경영주 평균 연령은 67.7세이고 40세 미만 농가경영주의 비중은 0.7%밖에 되지 않는다. 고령화 추세가 계속된다면 조만간 한국 농가경영주의 평균 연령은 일본의 72.5세와 비슷해질 것이다.[181] 따라서 현재 농촌은 심각한 노동력 부족에 시달리고 있다. 적은 노동력으로 식량 자원을 확보하기 위해서는 인공지능 등 신기술을 도입해야 한다.

식량 안보

2017년 UN보고서에 의하면 2017년 76억 명의 지구 총인구는

2030년 86억 명, 2050년 98억 명으로 지속적으로 증가할 것으로 예상되고 있다.[182] 선진국 인구는 감소하고 있지만 전 지구적 차원에서 식량을 필요로 하는 사람은 많아지고 있다. 그러나 식량 생산은 지구 온난화로 위협받고 있다. 전 지구는 북극과 남극의 빙하가 녹는 등 커다란 기후변화를 경험하고 있다.[183] 빙하가 녹으면 해수면이 상승할 것이고 바다 인근에 있는 각국의 농지는 침수될 것이다. 또한 대부분 농사는 강물에 의존하고 있다. 만약 고산지대 빙하가 녹아서 강물이 부족해진다면[184] 식량 생산은 커다란 차질을 빚을 것이다. 더구나 팬데믹 확산으로 말미암아 식량 수출국들이 식량 수출을 줄인다면 식량 가격은 상승하고 식량 안보문제가 표면화될 것이다. 따라서 안정적인 식량 생산 능력을 확보해야 한다.

FTA 확대와 경쟁 심화

우리나라는 전 세계 50개국 이상과 FTA를 체결했다.[185] 우리와 자유무역협정을 체결한 국가 중에는 미국, 네덜란드, 중국과 같이 적극적으로 스마트 농업을 도입해 농업생산성을 올리고 있는 국가들이 있다. 이들과 자유무역협정을 체결하고 있는 우리 입장에서 상대방 국가의 농업생산성이 올라가서 상대적으로 한국의 농업경쟁력이 약해진다면 외국의 농산물이 우리의 식탁을 점령할 것이다. 또한 외국의 농산물을 구입하기 위해 많은 외화를 써야 할 것이다. 따라서 교역

차원에서도 인공지능을 도입한 어그테크[186]를 활용해 농산물 수출경
쟁력을 확보하지 않으면 안 된다.

나. 인공지능 농업 기술

심층 학습

미국 펜실베니아대학의 데이빗 휴즈 교수와 스위스 로잔 공과대
학의 마르셀 살라데 교수는 식물의 모습을 촬영하면 질병 증상에 대
해 정확한 진단을 내려 주는 인공지능인 Plant Village를 개발 중이
다. 현재 26종의 병충해가 발생한 14종의 농작물 사진 데이터를 바탕
으로 학습시킨 인공지능을 개발했으며, 훈련 결과 5만 장의 사진 가운
데 99% 이상을 정확하게 식별할 수 있었다. 이와 아울러 영상 이미지
를 분석해 미성숙 복숭아를 판별하는 기술도 개발되고 있는데 인공
신경망을 활용해 85% 수준의 정확도로 미성숙 복숭아를 판별할 수
있다고 한다.[187]

사물인터넷

사물인터넷 기술은 농가에서 가축의 질병을 개선하는 데 도움이
된다. 동물은 식물과는 달리 움직이므로 모니터링이 어렵다. 또한 갑

자기 질병이 발생할 경우 신속하게 대응해야 한다. 이를 위한 시스템으로 소의 체온을 측정하거나 소의 되새김질에 소요되는 시간을 측정하는 스코틀랜드의 "가축건강 돌보미 시스템"이 있다. 후지쓰의 우보牛步 시스템은 소의 발정기를 판단하기 위한 시스템으로 사람의 판정률이 58%인 데 비해 우보 시스템은 100%에 가깝다. 소가 발정했을 때 평상시에 비해 걸음 수가 증가하는 등의 변화를 측정하는 방식이다.[188]

로봇과 드론

농업에 도움이 되는 또 다른 혁신 기술로는 로봇과 드론을 들 수 있다. 농업용 로봇은 농업 생산·유통·소비 과정에서 스스로 환경을 인식하고 상황을 판단해 자율적으로 동작하거나 지능화된 작업 또는 서비스를 제공하는 기계이다. 농업용 로봇 가운데 주목을 받고 있는 것은 잡초 제거용 로봇이다. 이들은 제초제를 쓰지 않고 물리적 방법으로 잡초를 제거한다. 오스트레일리아 시드니대학의 "립파"라는 로봇은 카메라와 센서로 농작물의 상태를 확인하며, 잡초를 발견하면 집게를 써서 잡초를 제거하고 작물에게는 비료와 물을 준다. 보쉬사의 "보니룸" 역시 잡초 제거용 로봇이다. 과수원의 경우 잎사귀가 커서 밭 작물용 로봇에 비해 로봇을 개발하기 용이하지 않다. 과수원용 로봇으로는 미국의 어번던트 로보틱스에서 만든 사과 수확 로봇이 있다. 이 로봇은 비전 시스템을 활용해 나무에 달린 사과를 인식하고 진공으로 빨아들이는 로봇 팔을 활용해 사과를 수확할 수 있다.[189]

상업용 드론의 80%는 농업 분야에서 사용될 것으로 전망되는 등 농업에서 드론의 활용 가능성은 매우 크다. 드론의 도입으로 농부는 화학 약품에 노출되는 일 없이 안전하게 농약을 살포할 수 있다. 또한 드론의 카메라를 활용해 농작물의 상태를 확인할 수 있다. 따라서 드론을 도입하면 농부의 작업 환경을 획기적으로 개선할 수 있을 것으로 예상된다. 미국의 애그리로보틱스가 개발한 호넷은 농지 상공을 날아다니며 적외선 센서와 카메라로 농작물의 생육 상태를 측정한다. 일본 사가현의 사가대학교가 개발한 농업용 애그리드론은 적외선 카메라와 열 카메라를 이용해 해충이 모여 있는 곳을 찾아내고 살충제

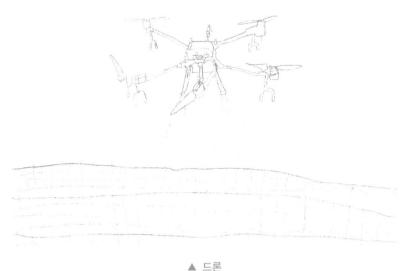

▲ 드론

와 해충 퇴치기를 활용해 해충을 직접 제거한다.[190]

다. 스마트 농업 사례

미국

클라이밋 코퍼레이션은 2002년 구글 출신 과학자 엔지니어 2명이 창업한 기업이다. 미국의 주요 농업 현장에서 발생하는 다양한 데이터를 분석해 농가의 의사결정을 지원하는 서비스를 제공하고 있다. 동사는 미국 농지의 60년간 수확량 데이터, 1,500억 곳의 토양 데이터, 250만 개 지역의 기후 정보 데이터를 확보하고 빅데이터 분석을 통해 농업인들에게 리스크를 피하고 수확량을 높이는 과학적 방법을 제공하고 있다. 또한 데이터 분석을 기반으로 작물의 생장 상황, 건강 상태, 수확량 예측 등의 정보를 실시간으로 제공해 생산비를 줄여 주고 있다. 그 외에도 농기계와 농경지 곳곳에 센서를 부착하고 여기서 획득한 다양한 데이터를 기후 정보와 셜합해 지역별로 맞춤형 농사법을 제공한다. 농부는 스마트폰이나 태블릿 PC를 이용해서 기후, 토양 상태, 작물 상태를 파악한다.[191] 블루리버 테크놀로지는 미국의 최대 농기계 회사인 존 디어의 자회사로 빅데이터 기술과 인공지능 기술을 결합한 See & Spray 기술을 도입해 잡초문제를 해결한다. 동사의 레티스 봇은 경작지의 잡초를 제거하는 장치이다. 수백만 장의 식물 이미지가 저장된 데이터베이스로 작물과 잡초를 즉각 구분할 수 있다. 레티스 봇은 작물만 선별해 비료를 살포하고 해가 되는 잡초는 제거한다.[192]

일본

일본은 기상재해 예측, 농업용수 관리, 농기계 자동화 등 스마트 팜 구현을 위한 세부 요소 기술 개발에 집중하고 있다.[193] 일본은 농업 분야의 개혁을 위해 2009년 농지법을 개정했고 이로 인해 기업의 농업 진입이 허용되었다. 도시바는 벼가 자라는 상황을 데이터화해서 기업과 농민이 정보를 주고받을 수 있는 시스템을 개발했으며 후지쯔는 사물인터넷 기술을 활용해서 수경 상추를 생산하고 있다.[194] 일본은 2011년 식물공장 프로젝트, 2013년 차세대 시설 원예 추진 사업, 2019년 스마트 농업 프로젝트를 단계적으로 시행하고 있다.[195] 빅데이터와 첨단 기술을 최대한으로 활용해 세계 톱클래스 스마트 농업의 실현을 목표로 제시하고 있으며 2019년 4월부터 농업 빅데이터 활용을 기반으로 하는 농업데이터 연계 기반 협의회WAGRI가 본격적인 가동에 들어갔다.[196]

중국

최근 중국에서 중산층이 성장함에 따라서 육류 소비도 증가하고 있다. 전자상거래 대기업인 알리바바는 축산 분야에 진출해 인공지능을 활용한 양돈 선진화 사업을 시작했다. 축사 천장에 달린 카메라로 돼지 몸에 새긴 번호 문신을 인식해 추적하는 기술은 돼지 개체 수와 새끼 돼지를 구별할 수 있을 정도의 수준이다. 새끼 돼지의 울음소리를 이해하는 음성 인식 기술도 도입되어 다양한 돼지 울음소리를 빅데이터로 분석해 새끼 돼지의 상태를 파악한다.[197] 중국의 인터넷 대기업인 텐센트는 인공지능을 활용한 농작물 재배에 탁월한 성과를 보이고 있다. 텐센트 산하 인공지능 연구실은 2018년 네덜란드 바헤닝언대학교가 주최하는 제1회 인공지능 온실재배 대회에 참가해서 61제곱미터 면적의 온실에서 인공지능 기술만으로 4개월간 오이 약 3,500킬로그램을 키워냈다.[198] 또 다른 IT기업 징둥닷컴은 2017년 12월 인공지능을 활용한 식물공장 운영에 들어갔다.[199] 중국의 스타트업인 알레스카라이프는 수명이 다한 화물용 컨테이너를 도시형 농장으로 개조해 어디서나 쉽게 채소를 재배할 수 있도록 하고 있다. 2013년 설립된 알레스카라이프는 턴키형 컨테이너 농장 솔루션, 새싹, 어린 잎 채소만 생산하는 콤팩트형 생산 시스템, 클라우드 네트워크 연동 센서박스 및 앱 서비스 스프라우트가 주요 제품이다. 컨테이너형 제품의 경우, 기존의 농업 방식과 비교해서 물 5%, 토지 1% 전략 30%만으로 재배가 가능하다.[200] 중국 농업의 실리콘밸리로 불리는 산시성 양링에서 2011년 문을 연 현대농업창신원은 축구장 150배 크기의 온실에서 파이프와 선반을 이용한 수경재배 방식으로 상추와 샐러리 등 각종 야채를 키우고 있다.[201]

이스라엘

테릿은 세계적인 스마트팜 기술을 가진 기업으로 원격으로 스마트팜 온실의 습도와 온도 등을 모니터하고 제어하는 기술을 보유하고 있다. 오토아그로놈은 전자동 관개 기술 회사로 13개 국가 70가지 작물 유형에 맞는 맞춤형 액비 및 관개 기술을 보유하고 있다. 네타핌은 온실의 미량 관개 시스템 공급업체로 110개국에 재배 솔루션 유매니저 플랫폼을 판매하고 있다.[202]

네덜란드

네덜란드는 세계 2위의 농업 수출 국가로 축산물과 화훼가 농업 총생산의 74%를 차지하고 있다. 이중에서 시설원예와 시설축산은 세계 최고 기술을 보유하고 있으며 이러한 기술을 수출하고 있다.[203] 온실자재 관련 선두기업으로는 프리바Priva가 있으며, 홀티맥스, 호갠도른 등 환경제어 기술을 가진 기업들도 포진되어 있다. 이들은 빅데이

터 기반 작물 정밀 재배에 강점을 가진 기업들이다.[204]

라. 인공지능과 인간의 협업

농업 현장에는 나무를 흔들어 오렌지를 수확하는 로봇, 포도를 따고 가지치기를 하는 로봇이 도입되고 있다. 또한 가축에 부착하는 건강 추적 장치, 농작물 병충해를 감지하는 카메라 등도 이용되고 있다. 무인 드론도 적극적으로 활용되고 있는데, 일본의 경우 비료와 농약을 무인 드론으로 살포하는 비율이 90%에 이르고 있다.[205]

이러한 변화는 수천 년 동안 유지되어 온 농업이라는 산업의 성격을 근본적으로 바꿀 것으로 전망된다. 지금 당장은 아니더라도 우리의 교역국들이 스마트 농업을 통해서 경쟁력을 확보하게 되면, 국제무역에서 농업의 보호막이 계속 유지되기는 어려울 수 있다. 향후 우리 농업은 중대한 선택의 기로에 놓이게 될 것으로 보인다. 인공지능 시대가 도래함에 따라서 농가의 경영주들은 기술의 불일치 문제와 직면하게 될 것이다. 농부와 인공지능이 협업을 하기 위해서는 농가 경영주들에게 인공지능 기술을 활용할 수 있는 교육을 제공해야 한다.

4. 교육 산업에서의 인공지능 협업

무크 한 강좌에 30만 명 학생이 등록했다.
— 리처드 서스킨드 · 대니얼 서스킨드

가. 교육 산업의 지각변동

인공지능의 도입으로 향후 가장 커다란 변화가 생길 분야가 교육 분야이다. 온라인 교육이 활성화될수록 인공지능 도입 가능성은 커진다. 교육은 인류에게 매우 중요한 의미를 갖는 산업이다. 인공지능 시대가 도래하게 되자 다시 한번 학습과 교육의 의미가 재조명되고 있다. 인간이 인공지능을 두려워하게 된 데는 근본적으로 학습과 관련이 있다. 한자로 풀어보면 학습이란 배울 학學자와 습득할 습習자로 이루어져 있다. 학습이란 누구로부터 배워야 하고, 자기 자신은 배운 것을 소화해서 자기 것으로 만드는 상호 작용 과정으로 구성되어 있다. 누구에게서 배워야 하므로 스승이 전제되어 있다. 알렉산더 대왕은 아리스토텔레스가 스승이었다. 최근 초등학교 대상으로 로봇이 외국어 교육에 투입되어 그 효과를 분석하고 있다. 또한 오래전부터 인공지능이 교육 현장에 도입되고 있다.

나. 부모와 자식의 변화

인공지능 시대, 미래 대학 교육의 돌풍 근원지는 어디일까? 저자는 원격 교육과 사이버대학이라고 생각한다.[206] 현재 사이버대학은 마치 자동차의 세컨드 카 같은 개념이지만, 미래에는 온라인 교육이 중요해질 것으로 보인다. 왜냐하면 개인의 능력이 중요해지면 질수록 대학의 학위 의미 자체가 점점 약해질 것으로 보이기 때문이다. 이제 온라인 강의인 무크[MOOCs]가 활성화되면[207], 뷔페 식당에서 많은 음식 중에서 원하는 음식만 골라 먹는 것과 비슷하게 교육도 골라 듣는 시대가 될지 모른다. 영문학개론 과목은 영국의 옥스퍼드대 석학의 강의를 수강하고, 경영학 강의는 미국의 스탠포드대 강의를 선택하고, 법학 과목은 하버드대 로스쿨 교수가 개설한 과목을 선택하고, 컴퓨터공학은 MIT대학 튜링상 수상학자의 강의를 듣는 등 모든 학점은 아니더라도 130학점 중에서 3분의 1 정도는 대학 외부에서 수강해도 학점이 인정되는 시대가 올 것이라고 전망한다. 실력이 중요한 만큼 자기 내학 소속 교수 강의보다 노벨상 수상 학자의 강의를 듣겠다는데 반대하기 쉽겠는가?

더구나 문제는 인류가 초장수 시대를 맞이하고 있다는 것이다. 인간 수명은 30세 → 60세 → 90세로 늘어나고 있다. 로마 시대 평균 수명은 20세 중반이었다고 전해진다. 그런데 현대에 올수록 평균 수명은 늘어나고 있다. 우리 부모 세대는 60세 전후가 평균 수명이었으므로 직장에서 퇴직할 무렵 자신의 재산과 부동산을 자식 세대에게 이전했다. 그러나 지금은 상황이 달라졌다. 이제 베이비부머 세대만 하더라도 평균 수명 90세 시대를 맞이하고 있다. 즉, 퇴직하고도 30년을 더 살아야 한다는 것이다. 그들이 저축한 돈이 있는가? 대부분의 가정에서는 자식이 대학 갈 때까지 교육비와 대학등록금 등 자식 교육비로 다 써버리고 달랑 아파트 한 채 남았을 것이다. 직장에서 퇴직한 상황에서 어떻게 30년을 더 버틸 수 있는가? 따라서 자식 세대가 부모에게서 자산을 물려받을 확률은 낮아질 것이다. 이로 인해 자식 세대는 자기 자식에 대한 교육비를 줄일 수밖에 없을 것이다.

한편 자식 세대는 평균 수명 연장으로 인해 부모가 교육비 투자를 줄이게 되면 교육비가 모자라므로 최대한 교육비를 절약하는 방식을 선택할 수밖에 없을 것이다. 만약 부모로부터 상당한 양의 교육투자를 보장받으려면 부모 세대에게 노후에 부양하겠다고 약속을 해야 한다. 그러나 그러한 약속을 지키기가 어렵게 될 가능성이 크다. 왜냐하면 자식도 여유가 없기 때문이다.[208] 사회에서도 실력이 최우선이 된다면 비싼 등록금 내고 대학을 오랜 기간 다닐 동기는 약해질 것이다. 더구나 사이버대학의 경우 대학등록금이 일반 대학 등록금의 절반가량에 불과하다. 그리고 대학 교육의 본질이 교양 교육에서 기술이나 기능을 중시하는 방향으로 전환되고 있는 데다가 그 속도가 가속화된다면 4년 내내 학교에 다니는 것은 의미가 약해질 것이다. 결국 단기 대학이 많아질 것으로 보인다. 지금도 각 전문 교육기관이 우후죽순처럼 난립하고 있다. 그러한 틈새시장을 나온 것이 전문 기술 교육기관일 것이다.

다. 인공지능 교사의 출현

교육자는 더 이상 주도적 입장의 교육자가 되기 어려울 수 있다. 왜냐하면 대면 수업보다는 비대면 수업의 비중이 점차 커질 것으로 보이기 때문이다. 비대면 수업의 경우, 구태여 인간 교육자가 나타날 이유가 점점 줄어들 것이다. 화면에 나타나는 존재가 진짜 인간인지 아니면 아바타나 챗봇인지 분명하지 않을 수도 있다.[209] 화면상의 그

▲ 로봇 튜터와 인간 협업

림으로 나타나는 교육자가 진정한 의미의 인간인지 아닌지의 문제는 점차 그 중요성이 감소할 것으로 보인다.

최근에는 로봇을 교육에 도입하는 연구가 진행되고 있으며 오래 전부터 지적 튜터 시스템[ITS]이라는 인공지능 시스템이 개발되고 있다.[210] 로봇의 강점은 실제적 존재라는 점이다. 보통 화면상에서 교육하는 것보다는 실제 로봇이 교육에 참여할 때 교육 효과가 높다는 연구 결과가 나오고 있다.[211] 일본 등 외국에서는 교육용 로봇을 개발해 유치원과 초등학교 아이들 대상으로 외국어 교육에 활용하는 실험을 하고 있다.[212]

라. 인공지능 활용 사례

교육용 로봇

교육용 로봇 사례로는 '나오'를 들 수 있다. 나오는 휴머노이드 로봇으로 2008년 첫 출시된 후 지속적으로 업그레이드되었고 가장 최근에 출시된 것이 2014년 4월이다. 나오는 교육과 연구 및 엔터테인먼트용 로봇[213]으로 수학과 물리, 컴퓨터 과학 등 로봇 관련 과목을 어린 아이들이 쉽게 익힐 수 있도록 설계되어 있다. 나오를 구매 시 제공하는 '코리그라피' 등 소프트웨어들을 이용해 아이들이 직접 프로그래밍하면서 로봇을 자연스럽게 조작할 수 있도록 설계되었다. 특히 어린 아이들은 간편한 소프트웨어 프로그래밍을 통해 자신의 제스처를 로봇이 모방하도록 조작하거나 방안에서 물체를 인식하고 찾아가도록 재설계하면서 손쉽게 로봇 관련 지식을 익힐 수 있다. 나오의 크기는 58센티미터 정도로 아담하며, 촉각 센서, 초음파 센서, 적외선 센서, 물리력 감지 센서 등이 장착돼 있을 뿐만 아니라 인텔, 아톰 등 2개의 CPU도 갖추고 있다.

아바타와 챗봇

아바타는 인간 형태를 가진 모습으로 컴퓨터 화면상에 나타나는

▲ 인간, 아바타, 로봇

시각적 이미지를 의미한다. 최근 인공지능 교육학계에서는 아바타가 움직이는 동작을 선보일 때 교육 효과가 어떠한지 연구가 진행되고 있다. 최근에는 챗봇의 도입이 논의되고 있다. 왜냐하면 교사가 일방적으로 하는 주입식 교육에서 교사와 학생이 상호 작용하는 방식으로 교육 방식이 바뀌고 있기 때문이다. 이때 챗봇은 커다란 역할을 할 것으로 보인다.[214]

마. 인공지능과의 협업

인류 역사에서 교육 산업만큼 인공지능의 영향을 심대하게 받을 분야도 없을 것이다. 이제 인공지능 교사가 출현하고 있기 때문이다. 인류 역사 전 기간을 걸쳐서 교육 내용이 무엇이건 간에 모두 인간이 인간을 교육해 왔다. 그러나 이제는 인간 대신 인공지능이 인간을 교육하는 시대가 도래하고 있는 것이다. 과연 기계가 인간을 교육시킬 수 있을까?

교육이란 단순히 지식을 전달하는 과정이 아니다. 지식 전달만 생각한다면 구태여 스승에게서 교육받을 필요가 없다. 시중에 나와 있는 전공 서적을 독학하면 된다. 교육은 지식 전수 이상의 무언가이다. 그런데 이러한 교육의 이상에 균열이 가고 있다. 기계가, 인공지능이 인간을 교육하게 된다면 인간의 인성은 어떻게 될 것인가? 요즈음도 인성 이야기가 많이 나오고 있다. 인간이 교육해도 인성 이야기가 나오고 있는데 하물며 기계가 인간을 교육하게 되면 인성 교육은 어떻게 되는가? 사실 심각한 문제이다. 그럼에도 지식 전수의 양적인 면에서 탁월한 능력을 가지고 있는 인공지능을 완전히 도외시하기도 어려운 시점에 와 있다.

인간 교사와 기계 교사, 즉 인간 교사와 인공지능 교사를 비교해 보기로 하자. 인간 교사의 특징은 무엇일까? 그것은 인간 자체의 특성이기도 한 "제한된 합리성"을 가진 존재라는 점이다. 인공지능 초기 개척자 중 한 사람인 허버트 사이먼 교수에 의하면 인간의 두뇌는 한정되어 있으므로 합리적 존재이기는 하지만 합리성에 제한이 있는 존재라는 것이다. 이와는 대조적으로 기계인 인공지능 교사는 무한에 가까운 계산력을 가지고 있다. 인공지능 왓슨을 생각해 보자. 또한 알파고를 생각해 보자. 순식간에 몇십만 장의 기보를 검색할 수 있으며, 수많은 진료기록부를 볼 수 있다. 인간과 비교가 안 된다. 인정할 것은 인정하자!

그러나 인공지능이 못하는데, 인간은 잘하는 게 있다. 인간 교사는 공감대 형성이 가능하며, 지혜가 있다고 알려져 있다. 뇌과학 이론에 의하면 인간의 신경세포 중 거울 뉴런이라는 것이 있다. 거울 뉴런의 도움으로 인간은 옆에 누가 상처를 입었을 때 마치 자기 자신이 상처 입은 것처럼 느낄 수 있다. 이처럼 인간에게는 공감 능력이 있다. 우리가 인성이라고 하면 이러한 공감 능력을 말하는 것이다. 어떻게 보면 불완전한 것이 완전한 것보다 더 좋을 수 있다. 니체는 "우리가 어떤 사람의 유명한 공적을 상세하고 폭넓게 언급한다면 그 언급은 항상 그것이 유일한 공적이라는 그릇된 추측을 불러일으킨다. 완벽하게 칭찬하는 사람은 칭찬받는 사람 위에 서서 상대를 무시하는 것처럼 보일 수 있다. 따라서 완벽한 것은 효과를 약화시킨다"[215]라고 말했다. 인공지능이 추론까지 할 수 있을 정도로 발전한다고 하더라도 지혜는 비선형적 특징이 있으므로 이러한 면에서 인공지능 교사와 인간 교사의 협업이 가능하다고 본다.

5. 문화 산업에서의 인공지능 협업

하나의 정체성만으로 만족하지 않는다.
— 자크 아탈리, 『살아남기 위하여』

보통 인공지능은 제조업이나 농업, 금융업 등에만 적용된다고 생각하기 쉽다. 그러나 인공지능은 이미 문화 산업에 심대한 영향을 주고 있으며, 미래에 그 영향은 더 커질 것으로 보인다. 이제 인공지능은 머신러닝 기법을 활용해 각종 문화 산업에 응용되고 있다. 문화 산업에 들어오는 인공지능은 인간의 직업이 얼마만큼 위협받고 있는지 그 심각성을 보여 주는 사례이다. 혹자는 기계적이고 반복적인 일은 인공지능에 맡기고, 인간은 창조적인 일에 몰입하면 된다고 말한다. 그러나 창의성을 가진 인간이 많지 않다는 반론도 있다.[216] 따라서 더욱 인공지능과 예술가 간의 협업이 중요해지고 있다.

한편 예술에는 고객이 필요하다. 예술품이란 무엇인가? 누군가 그것이 가치 있다고 평가해 주어야 예술품이 된다. 한때 변기도 예술 작품이라고 평가되었다. 결국 관객과 고객들이 예술성을 인정해 주는 과정을 거쳐야 예술 작품이 된다. 인공지능이 만든 작품이 예술품이 되려면 인간 고객이 필요하다. 그리고 인간 고객이 무엇을 좋아하는지 아는 점에서는 아직 인간 예술가가 인공지능보다 우위에 있을 것이다. 물론 미래에 인공지능이 고객으로 편입된다면 이야기가 달라진다.

가. 작곡가와 인공지능 협업

기계가 작곡에 개입한 지는 꽤 오래되었다. 저자가 미국에 유학하던 30여 년 전에도 음대에 컴퓨터 작곡 분야가 있었던 것으로 기억한다. 인공지능이 작곡한다는 것은 수학을 활용하는 것이다. 그러면 인간 작곡가들은 수학하고는 관련이 없을까? 아니다. 유명 작곡가들은 일찍부터 수학을 작곡에 활용해 왔다고 한다. 서양 음악의 아버지라고 일컬어지는 바흐는 작곡에 수학을 활용했다고 알려져 있고, 모차르트 역시 수학 개념을 활용했다고 알려져 있다. 베토벤의 "영웅"이나 "월광 소나타"는 작곡에 피보나치 수열과 등비수열이 사용된 사례로 기록되고 있다. 베토벤이 청각을 잃고도 아름다운 화음을 만들 수 있었던 것은 그가 음들 사이에 숨어 있던 수열 패턴을 알았기 때문이다. 소리를 들을 수 없어도 작곡이 가능하다는 것은 인공지능에게 시사하는 바가 크다. 인공지능은 음악을 먼저 듣고 그 안에서 조화를 느낀 후 협화음이나 불협화음을 만드는 것이 아니라 화음이나 코드 등을 먼저 공부한 후 조화로운 음들을 나열하는 것이다.[217] 인공지능 작곡가로는 다음과 같은 예가 있다.

에이바

작곡가, 출판사, 작사가 등 음악인 관련 저작권자의 권리를 지키는 단체인 프랑스 음악저작권협회가 인정한 최초의 가상 아티스트가 있다. 그는 몇 시간 만에 완성도 높은 곡을 완성하고, 전문 연주자들이 그 악보를 보고 연주한다. 룩셈부르크에 본사를 둔 에이바 테크놀로지가 개발한 인공지능 작곡가 에이바^{AIVA} 이야기이다. 에이바는 앨범을 내기도 했는데 그렇게 낸 첫 번째 앨범의 제목은 제니시스^{Genesis}이다. 에이바의 기술은 강화 학습 기법을 활용한 딥러닝 알고리즘이다. 에이바는 바흐, 베토벤, 모차르트 등 유명 작곡가의 데이터를 학습하고 자신만의 이론을 정립해 작곡할 수 있다.[218]

에밀리 호웰

2017년에는 대전 예술의 전당에서 인공지능이 작곡하고 대전시립교향악단이 연주한 '4차 산업혁명 특별시 대전 기념 음악회'가 열렸다. 소개 책자에는 인공지능 작곡가 에밀리 호웰^{Emily Howell}에 대한 설명이 실려 있었다. 1990년대 코프 교수가 개발한 인공지능 작곡가인 에밀리 호웰은 미국 캘리포니아 산타크루즈대학의 데이빗 코프 교수가 1981년에 개발한 제1세대 컴퓨터 프로그램 에미의 후속이다. 에미는 작곡가들의 공통 스타일을 분석하고 분석된 소스를 데이터베이스화해 작품을 만든다. 이런 식으로 가상의 모차르트, 비발디, 베토벤과 라흐마니노프 풍의 작품을 만들 수 있었다. 에밀리 호웰은 에미에 구축된 데이터베이스를 기반으로 작곡한다. 그렇게 작곡한 "유년기의 끝"을 세계 최초로 대전시립교향악단과 연주한 것이다.[219]

뮤직쿠스

스타트업 포자랩스가 개발한 뮤직쿠스는 국내 가수 2천 명의 노래 6만 개와 20만 줄 분량의 가사를 딥러닝으로 학습시키자 바로 노래 가사를 만들 수 있었다. 또한 팝송, 록뮤직, 영화주제곡 1천여 곡을 학습한 뮤직쿠스는 8만 개의 선율과 화성 패턴을 만들 수 있다. 그러나 좀 더 다듬어진 곡을 만들기 위해서는 마지막 마무리 단계에서 인간 작곡가가 곡을 다듬어야 한다.[220]

음악가와 인공지능의 협업

인공지능이 도입되면 음악가라는 직업은 위협을 받을까? 어느 뇌과학자가 인공지능과 인간 지성을 비교한 적이 있다. 모차르트의 교향곡을 모두 인공지능 작곡 프로그램에 입력한 뒤 모차르트 곡과 비슷한 곡을 작곡하라고 하면 근사한 작품을 만들어 낸다고 한다. 그러나 바흐에서 모차르트를 거쳐서 쇤베르크에 이르기까지 지금까지의 모든 교향곡을 인공지능에 전부 입력한 뒤, 입력한 교향곡들과 다른 작품을 만들어 내라고 명령하면 제대로 해내지 못한다고 한다.[221]

플레이 위드 에러는 인공지능 개발자, 데이터 아티스트, 사운드 아티스트 간의 협업으로 작업하는 팀이다. 작곡 능력을 가진 인공지능과 인간이 공동으로 작곡 작업을 진행해 기계 학습 알고리즘에 의한 비주얼 아트와 함께 무대를 꾸민다. 공개된 곡은 작곡 인공지능을 가진 휴멜로가 작곡한 선율에 프로듀서가 리듬과 음색을 신시사이저로 입히는 방식으로 만들어졌다.

한편 2018년 2월에는 서울 한남동 블루스퀘어에서 인공지능 작곡가가 만든 음원이 공개되었다. 영국의 인공지능 스타트업 쥬크덱과 함께 인공지능 음반 레이블 A. I. M을 기획한 엔터아츠는 인공지능과 인간의 협업을 보여 주었다. 이날 공개 행사에서 인간 댄서는 인공지능에게 자신의 느낌에 맞는 음악을 요구했다. 인공지능은 30초 만에 새로운 음악을 만들어 내었으며 댄서는 인공지능이 만든 음악에 맞추어서 즉석에서 춤을 추었다.[222]

이처럼 음악가와 인공지능이 협연하는 사례가 나타나고 있다. 인공지능 작곡가가 출현하고 있지만, 인공지능으로 인해서 인간 작곡가가 실직할 가능성은 낮을 것으로 보는 사람이 많다. 그 이유는 인간은 예술품에 대한 가치를 정할 때, 제품이 창작되는 과정에 들어가는 인간 노력을 가치로 보기 때문이다. 그렇기에 인공지능 음악가 단독 작품은 가치가 할인될 가능성이 있다. 인간 작곡가는 창조의 고통을 경험한다. 베토벤은 작곡에 진척이 없으면 괴성을 지르거나 물건을 집어던지고 심지어 벽에 머리를 박거나 머리에 물을 뿌려 식혔다고 한다.[223] 그러나 인공지능은 작품을 탄생시키는 데 고통을 느끼지 않는다. 인공지능은 수많은 학습 과정을 재배열해 결과를 도출할 뿐이다. 따라서 인공지능이 만든 작품에는 작품을 만들 때 들어가는 고통 및 노력이 빠져 있다.

한편 희소성 면에서도 인공지능은 불리하다. 인간이 만든 작품에 가치를 부여하는 것은 희소성 때문이다. 공장에서 찍어 낸 모나리자 그림이 루브르 박물관에 걸려 있는 원본과 비교해 그 가치를 인정받지 못하는 것과 마찬가지이다. 마지막으로 인공지능은 감상자가 인공지능 자신이 만든 작품을 보고 무엇을 느꼈는지 파악하는 데 필요한 감정이 없다.[224] 즉, 고객과 작곡가 사이에 상호 작용이 없다. 이러한 요인들 때문에 인공지능 작곡가 단독으로 작업을 할 가능성은 적다고 보여진다. 결과적으로 인공지능과 작곡가와의 협업이 우세할 것으로 전망된다.

나. 화가와 인공지능 협업

미술 분야는 인류 문화 중에서도 가장 오래된 예술 형식이라고 할 수 있다. 유발 하라리 교수에 의하면 3만 년 전 프랑스 남부 쇼베 퐁다르크 동굴 벽화에 인간의 손 도장이 찍혀 있는 것이 발견되었다.[225]

그런데 최근 인간 화가가 아닌 인공지능 프로그램이 생성해 낸 그림들이 경매시장에서 높은 가격에 팔리는 놀라운 일들이 벌어지고 있다. 이때 인공지능이 그린 그림들을 예술품, 창작품으로 볼 수 있는가 하는 문제가 대두된다. 단순히 인공지능이 화가의 화풍을 그대로 따라서 생성했으므로 복제품이라고 해야 하는가?

인공지능 화가 마리오 클링게만

2019년 소더비 경매시장에서 인공지능 아티스트인 마리오 클링게만Mario Klingemann이 제작한 "행인의 기억"이라는 미술 작품이 경매에 올랐다. 이 작품은 앤티크 타입의 받침대 위에 2개의 스크린을 연결해 놓고 2명의 인물 초상화를 표출한 것이다. 왼쪽 스크린에는 남자의 초상화가 그려져 있고, 오른쪽 스크린에는 여성의 초상화가 그려져 있다. 두 인물은 고정된 인물화가 아니고 동영상이었다. 클링게만은 GAN 인공 신경망 모형을 활용해 17세기부터 19세기까지의 미술품들을 학습했다. 보통 인공지능을 구현하는 머신러닝은 사람이 데이터를 제공하고, 이에 대한 학습 결과도 사람이 확인한다. 그러나 GAN의 경우는 다르다. 대립 쌍을 이루는 두 개의 네트워크가 서로 상호 대립 과정에서 훈련 목표를 자동으로 생성하고 학습시킨다. 즉, 인공지능 스스로가 반복적으로 평가하고 수정하며, 데이터 자체에서 정보와 지식을 얻는다고 할 수 있다. 이 결과 "행인의 기억"이 만들어졌다.

이 작품은 4만 파운드에 낙찰되었다. [226]

오비어스

인공지능 화가 오비어스Obvious가 그린 초상화 "에드몽 드 벨라미"가 2018년 10월 25일 세계 3대 경매사 중 하나인 크리스티가 뉴욕에서 진행한 경매에서 43만 2,500달러란 거액에 낙찰되어 사람들에게 충격을 주었다. 초상화 속 인물 에드몽 드 벨라미는 가상의 존재이다. 이 인공지능은 파리의 예술 공학 단체 오비어스의 프로그래머들이 개발한 것으로, 14 ~ 20세기의 그림 1만 5천여 작품을 학습한 끝에 이 그림을 그려냈다고 한다. [227] 거액에 낙찰된 만큼 시비도 있었다. 오비어스는 에드몽 드 발라미를 만드는 과정에서 크라우드 오픈 소스를 활용했는데 이 소스는 당시 로비 바렛이라는 학생이 만들어 공개한 프로그램이었다. 따라서 예술 작품의 기준이라고 할 수 있는 독창성 시비가 일었다.

넥스트 렘브란트

2016년 렘브란트 풍의 초상화가 내걸려 세상을 놀라게 했다. 이 그림은 인공지능 화가인 "넥스트 렘브란트"가 그린 그림이다. "넥스트 렘브란트"는 컴퓨터 소프트웨어 회사인 마이크로소프트와 렘브란트 미술관, 네덜란드의 과학자들이 개발한 안면 인식 기술을 활용하고 있다. "넥스트 렘브란트"는 렘브란트의 작품 분석을 통해 얻은 데이터를 토대로 그가 자주 사용한 구도, 색감, 유화의 질감까지 그대로 살려 3D 프린팅으로 그림을 그려 낸다. 렘브란트가 활용했던 붓질, 비례와 음영 기법뿐 아니라 물감을 아낌없이 사용하는 화가로 유명했던 그만의 특성까지 그대로 느낄 수 있다. 여기에 딥러닝 기능으로 스스로 데이터를 쌓고 학습하며, 원하는 형태의 그림을 그린다. 딥러닝 알고리즘이 렘브란트의 대표작 346점을 분석하고 그 주제와 스타일을 모방한 결과다.[228]

구글의 딥드림

유명 작가의 화풍을 그대로 따라 하며 창작 활동을 하는 또 다른 인공지능으로 구글의 딥드림이 있다. 구글의 인공지능 화가 플랫폼인 "딥드림"은 특정 이미지를 입력하면 그 이미지를 재해석해 반 고흐의 화풍으로 그려 순다. 결과물이 마지 꿈을 꾸는 듯한 추상적인 이미지를 닮았다고 하여 그 이름도 딥드림이다. 대상에 제한이 없으므로 자기 사진을 업로드해 딥드림이 재해석한 고흐풍의 작품을 얻을 수도 있다. 2016년 3월에는 미국 샌프란시스코에서는 딥드림을 통해 그려진 29점의 그림을 소개하는 전시회가 열렸다. 이렇게 창조적인 작품 활동이 가능했던 것은 딥드림이 수백만 개의 이미지를 소화하고 학습해 이를 시각적 패턴으로 새롭게 창조할 수 있었기 때문이다.

인공지능과 화가의 협업

인공지능 화가인 "넥스트 렘브란트"는 컴퓨터 소프트웨어 회사인 마이크로소프트와 렘브란트 미술관, 네덜란드의 과학자들이 협업한 결과이다. 렘브란트 미술관은 협업 참여자로 인공지능 개발에 참여하고 있다. 따라서 단독 화가와 협업하지는 않았지만, 미술관과 협업했고 인공지능이 학습한 데이터가 여러 화가들이 그린 그림들이라는 점에서 화가와 인공지능이 협업했다고 할 수 있을 것이다. 화가가 인공지능에게 데이터 형태로 그림 콘텐츠를 제공하며, 그러한 데이터 없이 인공지능 단독으로 어떤 창작물을 생성하는 단계까지는 아직 다다르지 않았다. 따라서 현재 단계에서는 인공지능이 그렸다는 미술품은 엄밀한 의미에서 인공지능과 화가와의 협업 결과물이라고 해석할 수 있다. 더구나 인공지능 프로그램을 화가로 볼 수 있느냐에 대해, 예술가가 되기 위해서는 예술을 감상하고 평가하는 능력이 있어야 하는데 인공지능에게 평가 능력이 있다고 볼 수 없기 때문에 인공지능 자체는 화가가 될 수 없다는 견해도 제시되고 있다.[229] 사실 예술품이라는 것 자체가 인간의 기준으로 평가하는 것이기 때문에 인간이라는 요소를 제거하면 인공지능 단독으로 예술을 논할 수 있느냐는 근본적 문제가 제기될 수 있다. 결과적으로 미술 부문에서는 인공지능에게 예술가와 협업이 중요하다.

다. 작가와 인공지능 협업

문학 형식 가운데 가장 오래된 형식은 시일 것이다. 소설이나 시나리오는 비교적 근자에 이르러 정착된 문학 형식이다. 최근 인공지능은 작가로 역할을 수행하고 있다. 다만 아직은 인간과 인공지능이 협업 형태로 소설을 만들고 있다.

문학은 인간을 고객으로 한다. 최종 작품이 많이 읽힐 것인지 아닌지는 고객인 인간이 판단한다. 고객이 없다면 문학 작품이 의미가 있을까? 그러한 점에서 문학은 인간에서 떨어져 나와 인공지능 독자적으로 작품 활동을 하기는 어려운 분야로 보인다. 현재 활동 실적이 있는 인공지능 작가를 살펴보자.

인공지능 작가 벤자민의 단편 영화 "선스프링"

2016년 6월 영국에서 개최된 공상과학^{SF}영화제 "사이파이 런던영화제"에 출품된 단편 영화 "선스프링"은 인공지능 작가 벤자민이 시나리오를 쓴 영화이다. 영화는 9분 내외로, 우주 정거장의 한 사무실을 배경으로 두 남자와 한 여자의 삼각관계로 벌어지는 갈등을 그리고 있다. 영화를 만든 오스카 샤프 감독은 뉴욕대학에서 인공지능 기술을 연구하는 로스 굿윈에게 영화 시나리오를 쓸 수 있는 인공지능을 제안했다. 장단기 기억^{LSTM} 신경망을 가진 인공지능은 스스로를 벤자민이라 불러달라고 했다. 굿윈은 1980~1990년대 SF영화를 벤자민에게 학습시켰다. 벤자민은 시나리오에 각 배우들의 대사뿐 아니라 무대 지시까지 써냈다.[230]

인공지능 작가 벤자민의 SF영화 "잇츠 노 게임"

벤자민은 2017년 4월에 새로운 SF영화를 선보였다. 줄거리는 다음과 같다. 할리우드 시나리오 작가들의 파업이 한창인 상황에서 인공지능 나노 로봇이 등장한다. 이 로봇은 인간들의 머리에 침투하고 나노 로봇에 감염된 시나리오 작가가 인공지능 로봇의 생각을 전달한다. 결국에는 시나리오 작가가 인공지능 알고리즘으로 대체된다는 내용이다. 그러나 평론가들은 인공지능이 아직 탄탄한 스토리 를 구축하는 데 한계가 있다고 지적한다. 따라서 인공지능 작가의 활동 영역은 아직 SF영화 분야에 국한되고 있다.

글짓기 인공지능인 'GPT-2'

인공지능의 이야기 전개 능력이 기대보다 미흡한 것만은 아니다. 오히려 반대로 인공지능이 너무 글을 잘 쓰는 바람에 비공개를 결정한 사례도 있다. 인공지능을 우려하는 일론 머스크 등이 세운 인공지능 연구소인 '오픈 AI'가 개발한 글짓기 인공지능이 바로 그것이다. 글짓기 인공지능인 GPT - 2는 기사, 학교 과제 등 모든 분야의 글짓기가 가능하다. 무려 800만 개의 인터넷 페이지, 15억 개 단어를 학습한 GPT - 2는 사용자가 특정 문장을 넣으면 그와 자연스럽게 연결되는 문장을 논리 정연하게 만들어 낸다.[231] 이는 '책 한 페이지 분량을 어색하지 않게 만들어 낼 정도'이며, '인간과 유사한 수준'이라고 한다. GPT - 2의 글쓰기 실력은 오픈 AI 홈페이지에서 확인할 수 있는데, 기존 소설 중 한 문장을 넣으면 원작 소설에는 없는 새로운 문장을 만들어 낸다. 물론 그 문장은 전체적으로 작품 분위기와 유사한 것들로 이루어진다. 바야흐로 인공지능이 인간을 위협할 정도로 발전하고 있음을 증명하는 사례로 지적되고 있다.

소설가와 인공지능 협업

GPT - 2와 같이 기존 소설 중 한 문장을 넣으면 원작 소설에는 없는 새로운 문장을 만들어 낼 수 있다면, 향후 다작을 원하는 소설가는 어느 정도 자신이 스토리를 전개하다가 어느 부분부터는 인공지능의 도움을 받을 가능성이 커진다고 보인다. 사실 소설가가 소설 한 권을 쓰려면 상당한 고통이 뒤따른다. 그런데 인공지능이 비슷한 유형의 글을 쓸 수 있다면 이는 소설가에게 인공지능과 협업할 동기를 부여해 주리라고 보인다. 다만 이 경우 소설가가 자신의 창조성을 끝까지 궁구하기보다 적당한 선에서 타협을 볼 가능성도 배제할 수 없다. 그렇게 된다면 인공지능은 인간의 창조성 발현에 도움이 되기보다는 인간이 인공지능에 의존함으로써 오히려 부정적 영향을 줄 수도 있다.

라. 디자이너와 인공지능 협업

인공지능은 가장 창조성이 강조되는 분야 중 하나인 디자이너라는 직업에도 얼굴을 내밀고 있다. 구글, 어도비, 마이크로소프트, 소니 등은 컴퓨터에 창조성을 부여하는 연구에 많은 돈을 투자하고 있다.[232] 인공지능 시대를 맞이해 디자인 산업과 디자이너의 역할은 중대한 변화를 맞이할 것으로 전망된다. 가장 큰 이유로는 1인 가구의 증대를 들 수 있다. 이제 우리나라는 부모와 자식으로 구성된 3인 가구 시대를 지나 1인 가구가 가장 많은 수를 차지하는 1인 가구 시대를 맞이할 것으로 전망된다. 1인 가구가 대세가 되면 상품의 개별화, 맞춤화, 다양화 현상은 가속화될 것이다.[233]

이와 함께 3D 프린팅 기술이 도입됨에 따라서 상품의 생산 비용이 획기적으로 내려갈 것이다. 과거에는 어떤 제품을 만들려면 많은 부품이 들어가기 때문에 혼자서 제품을 만들기도 어렵고 부품을 구입하는 데 적지 않은 비용이 들어가서 생산 비용이 비쌀 수밖에 없었다. 그러나 적층 생산 기술을 사용하는 3D 프린팅 기술은 부품 수를 획기적으로 줄여 준다.[234] 요즈음 작가들을 생각해 보자. 각자 집에 노트북 컴퓨터와 레이저 프린터가 있으므로 종이만 있으면 얼마든지 책의 원형을 만들어 낼 수 있다. 원래부터 작가는 1인 기업이다. 그러한 일이 디자인 산업에도 나타나고 있다고 본다. 즉, 1인 디자인 기업이 가능해질 것이다.

현재 디자인의 성격이 변화하고 있다. 종래에 디자인은 대량 생산 시대에 상품이 잘 팔리도록 상품의 표면을 고객 친화적으로 만들어 주는 것이 주된 역할이었다. 디자이너는 천재적인 감각과 독특한 감성을 바탕으로 상품을 아름답게 스타일링하는 능력을 갖추어야 했다. 그러나 최근에는 '생성적 디자인'이라는 새로운 개념이 들어오고 있다. 생성적 디자인이란 디자이너가 디자인 목표, 재질, 제조 방법, 가격 등을 입력하면 인공지능 알고리즘이 수많은 디자인 결과를 빠르게 제공하는 디자인 프로세스이다.[235] 따라서 디자이너의 역할은 그렇게 얻은 여러 디자인 결과물들 중에서 목적에 맞는 디자인을 고르는 것으로 변화하고 있다.

인공지능 디자인 소프트웨어

오토데스크 드림캐처

오토데스크 드림캐처는 디자이너가 입력한 설정 값을 기반으로 수많은 디자인 솔루션을 제공하는 인공지능 CAD 소프트웨어다. 우선 디자이너가 기능 요건, 재료 유형, 제조 방법, 성능 기준, 비용 제한 등 특정 디자인 목표를 입력하면 시스템은 조합된 설계 공간을 검색해 요건을 충족하기 위해 생성된 디자인을 평가한다. 그 결과로 솔루션이 생성된다. 디자이너는 생성된 솔루션을 실시간으로 평가해 문제 정의의 어느 지점에서든지 목표와 제약을 조정해 성공적인 새로운 결과를 생성할 수 있다. 설계 솔루션에 만족하면 디자인 결과물을 제작한다.[236]

어도비 센세이

어도비 센세이 Adobe Sensei 는 어도비가 개발한 인공지능 및 머신러닝 프레임워크이다. 어도비 클라우드 플랫폼의 핵심 기술로 이를 통해 고객에게 디자인 작업부터 마케팅 관리까지 더욱 스마트한 경험을 제공한다는 계획이다. 어도비 센세이는 디자인 작업에 주로 사용되는 어도비 크리에이티브 클라우드를 사용하는 사용자들이 창의성을 발휘하고 생산성을 극대화할 수 있도록 지원한다. 편집 중인 사진의 픽셀 정보를 분석해 빈 부분을 자동으로 채워 주거나 실사에 그래픽 스타일을 입혀 주는 등 이전에 수 시간이 소요되던 수동 작업이 이제는 단 몇 초 만에 완료된다.

한편 어도비 센세이는 사용자의 작업 스타일과 워크플로우 작업 템플릿을 학습해서 작업 효율성을 높일 수 있는 '크리에이티브 비서'의 역할을 할 수 있도록 더욱 개발 중이다.[237]

인공지능과 디자이너의 협업

미국의 캐주얼 브랜드 타미힐피거는 인공지능을 패션과 결합시키려고 시도하고 있다. 세계 5대 패션 전문대학 중 하나인 뉴욕패션기술대학교와 IBM이 함께 추진했던 '리이매진 리테일 프로젝트'가 그것이다. 타미힐피거는 이 프로젝트는 제4차 산업혁명 시대를 맞이하는 패션 업계 리더들이 인공지능을 디자인 창작 과정에 도입해 보고 새로운 디자인적 영감을 얻게 하기 위한 것이라고 밝혔다.

이 프로젝트에서 뉴욕패션기술대학교 학생들은 IBM 왓슨의 자연어 이해, 컴퓨터 비전, 패션 데이터를 전문적으로 훈련한 딥러닝 기술을 활용해 제품과 패션쇼 이미지 수천 장을 분석했고 이를 통해 IBM 왓슨은 디자인적 통찰과 트렌드를 통합시켜 새로운 디자인을 창안할 수 있었다. 뿐만 아니라 학생들은 왓슨을 이용해 SNS 데이터를 분석함으로써 소비자의 성향과 트렌드를 분석하고 예측했다. 그 결과 감정에 따라 색상이 바뀌는 섬유로 제작한 체크무늬 테크 재킷, 햇빛에 노출되면 색이 변하는 실로 만든 숄라 액티브 드레스, 입은 사람의 성향을 반영하는 아바타 재킷 등이 나왔다.

이렇게 인공지능이 패션 디자인까지 영역을 넓힌 사례는 국내에도 등장했다. 독특한 콘셉트로 알려진 스티브제이 & 요니피 디자이너 브랜드인 SJYP와 스타트업 기업의 협업으로 만들어진 '디노 후드티'가 그러하다. SJYP가 보유한 브랜드 로고와 캐릭터, 디자인 콘셉트 이미지 등 33만여 장 정도의 빅데이터를 인공지능이 학습해 스타일과 콘텐츠를 분석하고 색상, 모양, 패턴 등으로 인식한다. 그렇게 만들어진 디자인 콘셉트를 디자이너에게 제시한 후 의견을 나누면서 인공지능에 재반영한다. 인공지능과 디자이너가 의견을 주고받으며 새로운 디자인을 만들어 내는 셈이다. 디자이너가 한계를 느끼던 콘셉트에 인공지능이 새로운 시안을 제시하고, 이를 다시 테스트해 보며 브랜드 정체성에 맞는 디자인 콘셉트를 만들어 나가는 것인데, 인공지능이 순식간에 다양한 제안을 하고 이를 받아 또다시 새로운 시안을 제안하다 보니 디자이너 혼자 작업할 때에 비하면 테스트 시간이 확연히 줄어드는 장점이 있다고 한다.

인공지능 시대 디자이너의 미래

기존의 디자이너 업무 중 단순 시각화와 상품 구체화 작업은 인공지능에게 돌아가고 현재 포화에 가까운 디자이너 노동 시장은 침체기를 맞이하겠지만, 이와 동시에 이전과는 구별되는 새로운 유형의 디자이너들이 출현할 것으로 전망된다.[238] 데이터 수집과 그것을 근거로 보기 좋게 상품을 만드는 일은 인공지능이 맡고, 디자이너들은 다층적으로 축적된 데이터들을 얼마나 창의적으로 활용하는가 하는 일을 맡게 될 것이다. 지금까지 디자이너의 자산이었던 실무 기술 능력과 데이터 분석 능력은 인공지능이 맡고 창작자들은 그들의 개성과

발상을 실현시키는 데 몰두하게 된다.[239]

『월간 디자인』에서 기획 시리즈로 디자인팀들에게 디자인 업계의 이슈들에 대해 질문했는데 이중에는 인공지능 시대에도 디자이너의 역할은 굳건하다고 보는가라는 질문도 있었다. 디자이너 A는 "자기 생각 없이 통계에 의존하는 평균적 디자이너라면 굳건하지 않을 것이다. 그러나 통찰력과 지혜를 가진 디자이너라면 굳건할 것이다"라는 의견을 밝혔다.[240] 디자이너 B는 "굳건까지는 모르겠지만 여전히 필요하리라 생각된다. 디자인의 개념이 조금씩 변해 왔다. 단순히 시각적인 면만을 말하는 게 아니라 이제는 전반적인 시스템까지도 디자인의 범주에 포함되고 있다"라고 대답했다.[241] 디자이너 C는 "디자이너들은 미적 감수성, 사회적 감수성을 더해 자신만의 창작물을 만들어 낸다. 그러기에 디자이너는 차가운 AI 시대에 인간 고유의 감성으로 부가 가치를 만들어 내는 중요한 역할을 하게 될 것이라고 생각한다"라고 답변했다.

마. 통빈역가와 인공지능 협업

인공지능 통역이란 A언어로 된 사람의 발화를 음성 인식과 자동 번역을 거쳐서 B언어로 변환하고 이를 자막으로 출력하거나 음성 합성한 뒤 스피커를 통해 들려주는 기술을 의미한다. 따라서 기계나 컴퓨터에 의해 수행되는 통역은 음성 인식, 기계 번역, 음성 합성의 단계를 거치게 된다. 기계 통역이 기계 번역보다 늦어지게 된 이유는 기계 통역의 경우 기계 번역과 함께 음성 인식 및 음성 합성 기술이 추가적으로 필요하기 때문이다. 기계 번역의 경우 2016년 컴퓨터가 스스로 가중치를 부여하고 원천과 목표 텍스트를 쌍으로 비교해 최적의 데이터를 도출, 자동으로 학습 및 업데이트를 수행하는 인공 신경망 기반의 기계 번역이 발전하면서 품질이 획기적으로 향상되었다. 이로써 본격적으로 AI 번역 시대가 도래하고 있다.[242]

인공지능 도입 사례

음성 인식 분야

한국의 경우 네이버가 AI 통역 한국어 음성 인식 분야에서 1위를 차지하고 있고 한국어, 영어, 중국어 음성 합성에서도 경쟁사인 바이두와 구글을 제치고 가장 높은 평점을 받은 것으로 나타나고 있다.[243] 중국의 음성 기술 기업인 아이플라이텍은 이미지·음성·안면 인식 기술을 겨루는 글로벌 대회인 블리자드 챌린지에서 12년 연속 우승을 차지하고 있다. 아이플라이텍의 음성 인식 기술은 정확도 98.7%, 중국 22개 방언에 대해 98%의 인식 정확도를 보이고 있다.[244] 중국의 경우, 인공지능 기반 동시통역 프로그램이 실제로 국제회의 및 대규모 국제행사에 활용되고 있다. 장애령 등 통번역 전문가와 음성 기술 기업 아이플라이텍의 연구원들이 공동으로 인간 통번역사와 인공지능 통번역의 협력체제를 연구하고 있다.

모바일 통번역 앱

중국의 모바일 통번역 앱 시장은 2020년 말까지 사용자 규모 4억 8천 800만 명에 이를 것으로 전망되고 있다. 현재 이용 만족도가 가장 높은 앱은 2012년에 출시된 요우다오 통번역 앱이고 2위는 2017년에 출시된 소고우 통번역 앱이다. 3위는 2013년에 출시된 바이두 통번역 앱, 4위는 2016년에 출시된 텐센트 통번역 앱 순인 것으로 나타나고 있다.

휴대용 통역기

중국의 휴대용 통역기는 2019년 현재 50개 이상 회사들이 제품을 출시할 만큼 번성하고 있는 분야이다. 중국의 징동닷컴 자료에 의하면 휴대용 통역기 매출 규모는 작년에 비해 36배 증가한 것으로 나타나고 있다. 통역기 제조업체로는 중국 최대 음성 기술 기업인 아이플라이텍이 유명하며 이 회사가 출시한 기기로는 쉰페이 통역기 2.0이 있다. 동사는 2019년 5월에 쉰페이 통역기 3.0을 출시했다. 59만 8천 원에 판매되고 있는데 이 기기는 총 59종의 언어에 대한 양방향 통역을 지원한다. 한국에서는 한글과 컴퓨터사가 휴대용 통번역기 지니톡고를 출시했다.[245]

인공지능 협업

통역 분야에서 양이 많지 않은 간단한 통역은 인공지능이 맡고, 중요한 국제회의 통역은 여전히 인간 통역가가 맡게 될 것으로 보인다. 번역가는 인공지능을 활용한 기계 번역이 활용됨에 따라서 상당히 영향을 받을 것으로 보인다. 번역가가 생존하기 위해서는 불가피하게 인공지능과 협업을 할 수밖에 없을 것이다. 그러나 이는 두 가지 형태로 구분될 것이라고 보인다. 로봇 저널리즘의 도입으로 기자의 직무에서 스트레이트 기사는 인공지능이 주로 하고 심층보도 기사는 인간 기자가 주로 하는 것으로 업무 분장이 이루어지는 것처럼 번역에서도 유사한 상황이 나타날 것으로 전망된다. 비즈니스 관련 문서 번역은 인공지능의 역할이 매우 클 것으로 보인다. 문장의 길이가 길지 않고, 뜻이 명확한 경우가 많기 때문이다. 그러므로 비즈니스 업계에서의 번역은 상당 부분 인공지능이 대체할 것으로 보인다. 그러나 문학 작품은 단어의 뜻이 다양하고 문맥의 의미가 복잡하기 때문에 인간 번역가의 손이 많이 필요할 것이다. 그러나 설령 비즈니스 문서라고 해도 최종적으로는 인간 번역가의 감수가 필요할 것이다. 따라서 결국 번역가들이 인공지능 프로그램 도움을 받아 번역한다고 볼 수 있다.

제3장

인공지능 시대 생존 전략

이성보다 더 이성적인 직관의 힘 — 게리 클라인, 「인튜이션」

인공지능 시대는 인간과 인공물이 공존하는 시대이다. 또한 직업의 내용이 바뀌는 시대이다. 이러한 시대의 변화에 맞추기 위해서 유연한 자세가 필요하다. 인공지능은 통계와 숫자에 밝다. 인간은 통계 작업에서는 인공지능을 이길 수 없다. 인간은 직관과 통찰로 탈출구를 만들어야 한다. 통찰은 지혜이다.

1. 포스트 휴먼 시대

인간과 기계의 공생이 시작된다.

— 브린욜프슨 · 맥아피, 『제2의 기계 시대』

생각해 보기 : 나무는 볼 수 있지만 숲을 보기는 어렵다

숲속에 있으면 나무는 볼 수 있지만 숲을 보기는 어렵다. 숲을 빠져나와야 숲 전체가 보인다. 등산을 가 보면 누구나 알게 된다. 한참을 내려와서 산기슭에 다 내려와야 산 전체가 보인다. 숲속에 있으면서도 숲의 전체 모습을 짐작할 수 있다면 그 사람은 대단히 지혜로운 사람이다.[246] 마찬가지로 시대를 읽을 줄 알아야 한다. 시대를 읽지 못하면서 행동하는 것은 자기 과녁이 아니고 남의 과녁에 활을 쏘는 것과 마찬가지이다. 활을 쏘려면 먼저 과녁이 그 자리에 있는지 확인부터 해야 한다.[247] 활을 쏘는 것은 그 다음 일이다. 과녁이 서기 그대로 있을 것이라고 막연하게 생각하고 쏘면, 화살은 남의 과녁에 명중할 수도 있다. 대부분의 사람들은 과녁이 그대로 있다고 생각하고 예전과 같은 방향으로 활을 겨냥한다. 혹자는 반문할 것이다. 과녁이 자리를 옮겼으면 당연히 변화를 알아챌 것이 아닌가? 그렇지 않다. 인간은 자기가 보고 싶은 것만 본다. 인간은 누구나 자기만의 프레임에 갇

혀 있다.[248] 인공지능 시대가 출현한 것을 알려면 유연한 시각을 가지고 시대의 변화에 예민해야 한다.

컴퓨터 시대는 대형 컴퓨터 시대, 퍼스널 컴퓨터 시대, 인터넷 시대로 구분해 볼 수 있다. 각각의 시대는 IBM, 마이크로소프트, 구글로 대표된다. 대형 컴퓨터 시대를 주도했던 IBM은 한때 세계 컴퓨터 업계의 선두주자였다. 그러나 IBM은 시대의 변화를 읽지 못했다. 대형 컴퓨터만 고집하다가 퍼스널 컴퓨터 시장으로 컴퓨터 수요가 전환된 것을 읽지 못해서 위기에 빠졌다. 그 자리를 전혀 성질이 다른 회사인 소프트웨어 제작 회사인 마이크로소프트사가 이어받았다. 그러나 한때 소프트웨어의 대명사였던 마이크로소프트사 역시 인터넷이 가져온 컴퓨터 시장의 변화를 따라가지 못했다. 구글의 출현을 예견하지 못한 것이다. 인터넷 시대가 되어 검색이 중요한 도구가 되자 구글은 단숨에 세계적 대기업으로 성장했다. 따라서 시대의 변화에 민감해야 한다. 현대는 포스트 휴먼 시대로 진입했다.[249] 이제 인간과 인공물이 공존하는 시대로 변화하고 있다. 이러한 시대의 변화를 읽어야 한다. 포스트 휴먼 시대는 인공지능 로봇이 대량 생산되어 넘쳐나는 시대이다. 앞에서 본 바와 같이, 인공지능은 인간의 감성을 자극하는 문화 산업에도 확산되고 있다. 다시 말해서 인간 사회 곳곳에 이들이 들어온다는 이야기이다. 요약하자면 미래 사회는 인간과 인공지능 로봇이 공생하는 사회로 변화하고 있다.

특징 : 인간과 인공물의 공존

행위자 네트워크 이론이라는 이론이 있다. 행위자 네트워크 이론은 인간과 물체가 서로 다르다는 것을 받아들이지 않는다.[250] 이와 아울러 인간이 인간으로 기능하기 위해서는 물체가 필요하다고 생각한다. 행위자 네트워크 이론가 중 한 사람인 존 로는 "만일 나에게서 컴퓨터, 동료 연구자들, 사무실, 책, 책상, 전화 등을 빼앗아 간다면 나는 더 이상 논문을 집필하고 강의를 하고 지식을 생산해 내는 사회학자가 아닐 것이다"[251]라고 말했다. 어떻게 보면 인간은 누구나 각자에 맞는 의상, 구두, 사무실 비품, 연구자라면 실험 도구 등이 합체해 정체성을 형성한다. 조선 시대 선비들도 문방사우를 애지중지했다.[252] 만약 인간에게서 이 모든 인공물들을 가져가 버린다면 그가 인간으로 행세할 수 있을까? 이제 인공지능 시대가 도래하게 되면 사회는 더욱 포스트 휴먼 시대의 특징을 드러낸다. 왜 그럴까? 인공지능은 하나의 인공물이지만 스스로 생각하는 존재이기 때문이다. 그리고 인공지능은 사람과 밀접하게 작동하고 있다. 아직 인공지능은 인간과 무관하게 혼자 있지는 않는다. 어떤 형태든 인간과 관련이 되어 있다. 왜냐하면 인간이 인간의 작업을 돕기 위해 인공지능을 만들었기 때문이다. 이제 인공지능 사회는 인간과 인공지능이 서로 협업하는 시대로 이행하고 있다. 인공지능은 인공물이다. 그러므로 더욱 포스트 휴먼 시대의 특징을 잘 드러내고 있다.

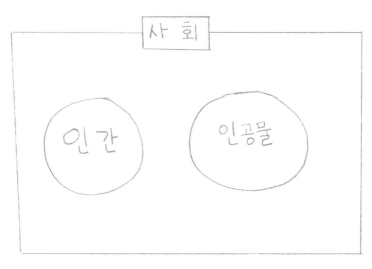

▲ 인간과 인공물의 공존

원칙 : 자신을 재정의하라

인공물과 공존하는 시대로 바뀐 것을 인식하라! 인공물도 구성원임을 인정하고 적응해야 한다. 적극적으로 인공물을 이해하려고 노력함과 동시에 자신이 누구인지 파악해야 한다. 또한 포스트 휴먼 시대에 들어서면서 인간 자체가 사이보그가 되는 시대로 진입하고 있다.[253] 즉, 인간과 로봇이 같이 작업하거나, 아예 웨어러블 로봇을 입을 수도 있다.[254] 포스트 휴먼 시대는 인간의 팔이나 다리, 무릎 등을 기계로 대체하는 시대이기도 하다. 이러한 때 스스로 질문해 보아야 한다. 도대체 나는 누구인가?

포스트 휴먼 시대에는 로봇이나 인공지능과 인간이 협업할 수밖에 없는 사회가 도래하고 있다. 이러한 현상이 먼 미래에나 나타날 것으로 보면 큰 오산이다. 현재에도 우리 인간들은 자기도 모르는 사이에 로봇이나 인공지능과 협업하고 있다. 여러분이 청량리역이나 용산역에서 택시를 탔다고 해 보자. 그리고 택시 기사 아저씨에게 택시 기사는 잘 모르는 곳, 예를 들어 대치동으로 가자고 하면 택시 기사는 핸드폰에 대치동하고 음성을 넣을 것이다. 그러면 스마트폰에 장착되어 있는 인공지능 음성 인식 시스템이 택시 기사의 말을 인식하고 내비게이션을 작동시킬 것이다. 따라서 현대 택시 기사들은 인공지능과 협업하고 있는 셈이다.

최근 핵가족 시대가 되면서 자식들은 결혼과 직장으로 인해 집을 떠난다. 홀로 남겨진 노인들은 반려동물 형태를 한 로봇의 위로가 필요할 것이다.[255] 우리나라도 예전에는 30평 아파트가 국민주택이었고 부모와 자식 2명의 4인 가족이 표준 가족이었지만 점점 가족의 수가 줄어들어서 최근 1인 가구가 늘고 있다고 한다. 직장에서 퇴근해서 집에 오면 누가 나를 반겨 줄 것인가? 아무도 없는 1인 가구의 경우 인공지능 비서가 나를 반겨 줄 것이다. 포스트 휴먼 시대에서는 인공물, 인공지능, 로봇과 같이 일하고 휴식을 취하지 않으면 안 된다. 자신을 재정의해야 한다.

행동 : 자기 자신에 집중하라

문명 전환기의 특징은 모범 사례가 없다는 것이다. 더구나 따라야 할 안내자가 드문 시대이다. 지진이 난 것처럼 모두가 살고 있는 사회의 바닥이 흔들리고 있는 시대이기 때문에, 그 누구도 남의 스승이 되기 어렵다. 과거에 발생했던 일이라면 경험자의 말이 도움이 될 수 있다. 그러나 인공지능 시대는 최근 들어 갑자기 충격적으로 다가왔기 때문에 경험자를 찾기 어렵다. 이세돌 기사가 알파고에게 진 것이 불과 4년 전이다. 이러한 시대에는 자기 자신에게 집중하고 자신을 의지하는 것이 타당해 보인다. 스승이나 안내자가 없으니 사람들은 불안해하고 이리저리 돌아다닌다. 그러다 보면 우리 속담처럼 남에게 휘둘리다가 정신 차려 보니 삼천포에 가 있을 수 있다. 이럴 때일수록 정신을 바짝 차려야 한다. 남에게 휘둘리다 보면 달콤한 유혹에 빠지기에 십상이다. 조심해야 한다. 이럴수록 냉정해져야 한다. 중심을 지키고 균형을 잡아야 한다. 차라리 운동을 하면서 건전한 신체를 단련하고 자기 자신의 준비를 하는 것이 좋다. 그리고 인공지능 시대에 어떻게 접근할 것인지 차분히 계획을 세워야 한다. 너무 맹신도 하지 말고, 가벼이 보고 무시하지도 말라. 불교 초기 경전 『숫타니파타』의 유명한 구절처럼 무소의 뿔처럼 혼자서 가는 심정으로 살아야 하겠다.

2. 직업 전환 시대

삶은 속도가 아니라 방향이다.

— 수영 · 전성민

생각해 보기 : 로봇 회의 출현

독자 여러분은 로봇이 얼마만큼 일상생활에 도입되는지 생각해 본 적이 있는가? 단순히 로봇 청소기만 생각해서는 안 된다. 최근 국제학술대회에서는 단골 주제가 로봇 교육이다. 로봇이 아이들에게 어학 교육을 시키고 있으며 그런 로봇 연구에서 밝혀진 바로는 그 자리에 누군가 진짜로 있다는 현존감이 중요하다는 것이다.

최근에는 '로봇 회의'[256]라는 생소한 분야도 생겨났다. '로봇 회의'란 자기 대신에 회의 장소에 로봇을 파견하고 로봇을 원격 조정해 회의를 하는 것이다. 이처럼 화상 회의를 보나 발전시켜 중요 회의에 사람 대신 로봇이 참석하게 하자는 의견도 나오고 있다.

현재는 전시 컨벤션 산업이 하나의 서비스 산업으로 각광을 받고 있지만 코로나 바이러스처럼 전염병이 자주 발생하게 되면 사람들은 국제회의 참석을 꺼릴지 모른다. 외국에 출장 가기 위해서는 자기 집에서 나와 택시를 타야 하고, 택시에 내려서 기차역에 가야 하고, 기차를 탄 다음 공항까지 가야 한다. 또 혼잡한 공항에서 몇 시간을 기다려야 한다. 성가시고 전염병에 걸릴 위험도 있지만 직장이나 경제가 잘 돌아가려면 외국 출장을 피할 수만은 없는 노릇이다. 화상 회의를 하는 방법도 있지만 그렇다고 화상 회의만 하면 너무 실체감이 없어서 협상도 잘 이루어지지 않을 수 있다. 앞으로 로봇이 활성화된다면 그와 같은 문제를 해결하기 위해 로봇을 대신 파견하게 될 것이다. 미래에는 집집마다 냉장고를 사듯이 로봇을 한 대씩 구비할지 모른다. 비록 사람은 아니지만 나 대신 믿을 만한 로봇을 파견하고 나는 본국에서 로봇을 통해 의사를 전달하는 시대가 올지도 모른다.

특징 : 직업의 외관은 그대로여도 내용이 바뀌고 있다

독자 여러분이 생각하는 것보다 빠르게 세상이 변화하고 있다. 즉, 직업의 성격이 바뀌고 있다. 여기에는 여러 가지 이유가 있겠지만 기술의 변화가 영향을 주고 있다. 모두들 손안에 사무기기와 스마트폰이 있으므로 구태여 어떤 일정한 공간에 구속될 필요가 없다. 미국의 어떤 회사는 사무실 공간을 반으로 축소해 임대료를 절감하고, 직원의 일부는 재택근무로 전환시키고 있다. 인터넷 화상 회의 등장으로 재택근무가 유리해지고 있다. 미국의 경우 월급쟁이의 소득이 상대적으로 하락하기 시작하고 있으며, 기업가, 창업자가 고소득 직업인 환경으로 변하고 있다.[257] 『직업의 종말』을 쓴 테일러 피터슨에 의하면, 미국의 경우 기업이 예전보다 소득을 많이 가져가고 있으며, 샐러리맨들의 월급은 오르지 않고 있다. 『로봇의 부상』[258]을 저술한 마틴 포드 역시 근로자들의 소득 하락을 거론했다. 한편 최근에 주목을 받고 있는 것은 초소형 다국적 기업의 출현이다.[259] 3D 프린팅 기술[260]이 확산되면, 대량 생산하지 않아도 기업의 생산비가 많이 하락할 것이다. 더구나 전자상거래 확산으로 여러 나라 바이어와 거래하는 기업들이 늘어날 것이다.

우리나라에 IMF 쇼크라고 부르는 아시아 금융위기가 오기 전까지만 해도 직장인들은 행복한 편이었다. 들어가기가 어려워서 그렇지 일단 회사에 들어가면 정년이 어느 정도 보장되었고, 특별히 회사 돈을 횡령하는 등 범죄를 저지르거나 실수를 해 회사에 손해를 끼치거나 하지 않는다면 정년까지 승진하는 경우가 많았다. 퇴직하면 퇴직금도 받을 수 있었다. 그러나 IMF 쇼크 이후 모든 것이 달라졌다. 일단 연공서열제라는 독특한 동아시아 직장문화가 사라지기 시작했다. 2000년대는 능력이 우선인 시대가 되었다. 따라서 나보다 나이가 어린 사람도 회사 높은 분들에게 인정을 받으면 30대에 이사가 될 수 있었다. 그러나 그만큼 도태되는 사람들도 많이 생겨나게 되었다. 이제 이른 나이에도 회사를 나오는 경우가 발생하고 있다. 또한 수명 100세 시대가 코앞에 도래하고 있다. 설령 이번 직장에서 60세까지 일할 수 있다고 하더라도 불가피하게 다음 직장 준비를 해야만 하는 시대가 오고 있는 것이다. 인간의 수명 연장으로 인해 직업에 커다란 변화가 일어나고 있다.

요즈음 부모들은 문과는 로스쿨, 이과는 의과대학에 보내기 위해 사력을 다하고 있다. 맹모삼천 시대가 계속되고 있다. 이들의 최종 목표는 자식이 의사나 변호사가 되게 하는 것이다. 그러나 미래에도 그러할까? 2020년 인공지능 시대가 도래하면서 웬만한 존경받는 고소득 직업들은 더 이상 인공지능의 영향에서 자유롭지 못하게 되었다. 변호사의 예를 보듯이 인공지능 변호사는 인간 변호사보다 훨씬 많은 법조문을 알고 호출할 수 있다. 로스쿨 학생들은 오늘도 열심히 각 과목마다 핵심이 되는 법조문과 중요한 판례 암기에 노력하고 있다. 그러나 인공지능 변호사는 수만 개 법률조문, 수십만 개 판례를 알고 있다. 비교 자체가 안 된다. 또한 인공지능 의사인 왓슨은 수만 개 진료기록부와 수십만 장의 엑스레이 사진, MRI 사진들을 보고 학습해 진료를 도와주고 있다. 인간 의사가 감당할 수 있을까?

원칙 : 직업을 재해석하라

이제 직업을 재해석할 필요가 있다. 변호사의 경우 미국에서는 변호사라는 직업의 성격이 서서히 변하고 있는 중이다. 과거에 변호사들이 주로 소장을 쓰고, 증거를 수집하고, 관련 판례와 법조문을 찾아보는 데 시간을 할애했다면, 이제 미래의 변호사는 그 부분은 인공지능 변호사에게 맡기고 자신은 그 변호사 업무의 앞부분, 즉 고객과의 상담 등 과거에는 소홀히 했던 분야에 치중하며, 새로운 부분을 개발해야 생존할 수 있다. 즉, 인공지능 시대라고 갑자기 변호사 업무가 없어지는 것은 아니다. 변호사는 존재하나 변호사의 업무 내용이 달라질 것이다. 무역업도 마찬가지이다. 과거의 무역업에서 수출입 절차 등이 중요했다면 미래에는 고객과의 상담, 시장 개척 등 무역거래 절차의 앞부분이 더 중요해질 것이다. 또한 아직 인간은 자동화되지 않은 부분에 초점을 맞추어야 할 것이다. 즉, 인간의 직관을 사용할 부분을 더 개발해야 한다.

미국의 경제학자인 프랭크 나이트 교수는 위험을 리스크와 불확실성으로 분류했다.[261] 리스크는 측정 가능한 위험을 의미하고, 불확실성은 측정 불가능한 위험을 의미한다. 예를 들어 1974년 국제석유가격이 폭등하면서 1차 오일쇼크가 발생했다. 또한 대지진의 발생 등, 이러한 사건들은 측정하기 어려운 사건들이다. 따라서 불확실성의 범주에 들어간다. 인간의 직관은 이러한 상황에서 빛을 발하기도 한다. 그러나 자동화할 수 있는 부분은 과감하게 포기해야 한다. 노벨경제학상 수상자인 허버드 사이먼 교수는 '제한된 합리성'이라는 개념을 오래전에 제시한 것으로 유명하다.[262] 사이먼 교수가 그 이론을 제시하던 때만 해도 인간은 합리적 존재이고 상당히 합리적이라고 생각되었다. 저자는 대학원생 시절 그의 논문을 읽고 왜 이런 생뚱맞은 개념, 즉 인간은 합리적이라고 해도 상당히 제한적이라는 의미가 무엇일까? 하고 의문을 품었다. 그러나 인공지능이 도래하면서 왜 허버트 사이먼 교수가 인류의 합리성이 제한적이라고 했는지가 이해되고 있다. 왜냐하면 인공지능의 저장 공간은 엄청나서 인간하고 비교가 안 되기 때문이다. 사실 허버트 사이먼 교수는 노벨경제학상을 받기는 했지만 유명한 인공지능 분야 전문가였다. 그가 그런 전문가였기 때문에 인간의 합리성을 제한된 합리성이라고 했을 것이다.

그러나 기죽을 필요는 없다. 인공지능의 창시자라고 알려져 있는 마빈 민스키 교수는 인공지능이 잘하는 것은 인간이 잘 못 하고, 인공지능이 잘 못 하는 것은 오히려 인간이 잘한다고 이야기한다. 그것이 무엇인가? 상식이 대표적인 예다. 인간은 상식을 잘 알지만 인공지능에게 상식은 참으로 어렵다. 인간에게는 상식은 손바닥 뒤집기보다 쉽게 느껴진다. 왜냐하면 너무나 자명하기 때문이다. 모든 인간이라면 공감하기 때문에 구태여 이것이 맞다 틀리다를 이야기하는 것 자체가 우습다. 그러나 인공지능에게 이는 매우 어려운 작업이다.

행동 : 멘토를 모셔라

이 세상을 살아갈 때 중요한 요소는 무엇일까? 그것은 멘토를 모시는 것이다. 멘토를 모셔서 국가를 세운 사람이 있다. 누구나 알 정도로 유명한 『삼국지』에 나오는 유비와 제갈공명의 삼고초려 이야기이다. 유비는 도원결의할 당시 돗자리를 팔던 사람이었다. 유비의 의형제인 장비는 정육업자였다. 중간에 유비의 군대가 패배해 유비는

▲ 유비의 삼고초려, 멘토 모시기

가족마저 버리고 도주했고, 관우가 의형 유비의 가족을 조조의 군대 내에서 돌보았다. 나중에 유비는 뼈저리게 깨닫는다, 무력만 가지고는 웅대한 의지를 실현할 수 없다는 것을. 그래서 세 번 간청하는 삼고초려의 고사 속에서 제갈공명을 멘토로 모셨다. 그리고 극진하게 대접했다. 제갈공명은 천하삼분지계를 제시했고 그의 도움으로 유비는 비로소 촉나라를 세우는 데 성공했다.

사실 유비는 요즈음 말로 하면 개천에서 용이 된 계룡남이었다. 즉, 자기 대에서 자수성가한 사람이다. 위나라를 세운 조조와 오나라를 세운 손권은 유비와는 질적으로 다른 사람이었다. 조조는 환관의 아들로 알려져 있으나 하후연 등 탄탄한 군벌이 도와준 것을 보면 세력이 있었던 사람이다. 손권은 그 형인 손책과 그 아버지인 손견이 이미 전 대에 쌓아둔 것이 있었다. 어떻게 보면 손권은 3대에 이르러 국가를 세운 것이다. 유비가 이처럼 자기 대에 한미한 출신으로 국가를 세울 수 있었던 것은 멘토가 있었기 때문이다.

『포트폴리오 인생』으로 유명한 찰스 핸디 역시 멘토를 모시라고 권유했다.[263] 독자 여러분은 눈치챘을 것이다. 결국 인공지능이 대세인 시대, 포스트 휴먼 시대에서 살아남기 위해서는 인공지능은 어려워하고 인간은 어렵지 않은 분야에 집중하거나, 기존의 직업을 재해석해 자신을 적응시켜야 한다. 이러한 목표를 달성하기 위해서는 먼저 어떤 직업군이 인공지능은 어려워하고, 인간에게는 쉬운지 알아볼 필요가 있다. 즉, 정보 수집에 들어가야 한다. 이를 위해서는 멘토를 모셔야 한다. 인생에 멘토가 있다면 행복한 사람이다. 멘토는 부모일 수도, 스승일 수도, 친구일 수도 있다. 맹모삼천지교로 유명한 맹자는 공자를 멘토로 모셨다. 맹자는 공자를 세상의 이치를 집대성한 사람으로 높이 평가했다.[264] 어떻게 보면 맹자는 공자를 멘토로 모셨기 때문에 유교의 거인이 되었다.

3. 불확실성의 시대

시작하지 않으면 아무 일도 일어나지 않는다.

— 세스 고딘, 『시작하는 습관』

생각해 보기 : 학력은 높아졌으나 마음이 따뜻한 사람은 드물다

요즈음 능력 있고 똑똑한 사람은 많으나, 사람 냄새가 나는 사람은 드물다. 우리나라 사회에 고학력자는 늘어나고 있지만, 따뜻한 느낌을 주는 사람을 만나기는 어렵다. 지식이 많다는 것은 중요한 가치이다. 그러나 인간 전체를 놓고 본다면 인간은 이성과 감성을 가진 존재이다. 극단적으로 지식만 많으면 인공지능 시대라는 불확실한 상황에 잘 대처할 수 있는가?

인공지능 시대 이전부터 컴퓨터 교육에서도 야누스신의 두 얼굴과 같은 상황이 나타나고 있다. 상당수 국가들은 정보화 시대에 뒤지지 않기 위해 학생 1인당 컴퓨터를 한 대씩 보급하는 정책을 시행하고 있다. 그런데 한편으로는 컴퓨터의 도입과 더불어 학생들의 학력이 낮아지고 있다는 견해가 제시되고 있다. 아이들은 학습하기보다는 텔레비전 화면, 컴퓨터 화면, 스마트폰 화면 앞에서 많은 시간을 쓰고 있다. 미래학자 리처드 왓슨에 의하면 영국의 현재 11세 아이들의 인지 능력을 조사한 결과, 요즈음 아이들이 15년 전 같은 또래 아이들보다 평균 두 살에서 세 살 정도 낮은 점수를 받았다.[265] 컴퓨터를 다루는 능력만 향상되면 인공지능 시대에 적응할 수 있는 능력이 올라갈까?

다니엘 핑크는 『새로운 미래가 온다 : 미래 인재의 6가지 조건』[266]에서 공감 능력을 중요한 요소로 부각시켰다. 공감은 내가 다른 사람의 입장에서 어떤 감정을 느낄지 생각해 보는 것이다.[267] 공감 능력이 있어야 남의 스토리에 공감할 수 있다. 롤프 옌센은 『드림 소사이어티』라는 책에서 정보 사회에서는 모든 일이 정보에 의해 추진되었다면 드림 소사이어티에서는 감성과 공감에 의해 추진될 것이라고 말했다.[268] 운동화 산업의 선도기업인 나이키는 운동화만을 팔지 않는다. 운동화 자체보다는 젊음, 성공, 명성, 승리에 대한 이야기를 팔고 있는 것이다.[269] 비엔나와 이스탄불 사이를 오가는 오리엔트 특급이라는 기차가 있다. 항공기로 가면 될 것을 굳이 느린 기차로 여행하는 이유는 무엇인가? 이 기차는 한 장소에서 다른 장소로 이동하려고 타는 기차가 아니다. 이 기차는 샴페인, 캐비아, 낭만이 있는 옛 이야기가 담겨 있는 기차이다.[270]

인공지능 시대에서 교육은 무엇을 강조해야 하는가? 인간을 이해하고 남을 배려할 줄 아는 감성지능을 키워야 하는 것이 아닌가 하는 생각이 든다. 인공지능 시대가 도래해 사람 모두가 소황제가 되면 각 사람은 1인 기업을 운영하는 기업가가 될 것이다. 그러면 다른 기업가를 설득할 수 있는 공감 능력이 경쟁력이 될 것이다.

특징 : 정체성 위기의 시대

정체성이란 무엇일까? 정체성은 하나의 사회 내에서 개인의 존재가 확실하게 규정되면 생기는 것이다. 현대에 와서 이러한 정체성에 위기가 오고 있다. 사람이란 어떤 조직에 소속감을 가지고 있을 때 정체성이 생긴다. 최근 세계화 시대가 되면서 한 사람이 여러 정체성을 가지는 사례가 늘고 있다. 예를 들어 한 사람이 동시에 여러 나라 국적을 가지고 있다면, 그 사람은 정체성을 유지하기 쉬울까?

인체에는 세포막이 있다. 세포막은 하나의 세포를 다른 세포로부터 보호해 주는 기능을 한다. 세포막이 있기 때문에 생명체는 보호된다. 국경이란 무엇일까? 국경은 하나의 국가를 다른 국가로부터 방어해 내는 일종의 세포막과 같은 기능을 수행한다. 그러나 20세기 후반부터 국경의 방어력이 약해지고 있다.

기술 혁신은 양날의 칼이다. 기술 혁신은 인간에게 편리함을 가져다주는 반면, 국경을 약화시키는 역할을 한다. 1960년대 후반 제트 여객기의 발달로 상당수 사람들은 해외 여행이 가능하게 되었다. 즉, 국가와 국가를 구분하는 국경이 느슨해진 것이다. 또 인터넷이라는 새로운 공간이 등장했다. 인터넷이 등장함으로써 사이버 공간이라는 새로운 공간이 출현했고 그와 함께 지리적 경계가 허물어졌다. 사이버 공간에서는 국경이라는 의미가 약해진다. 이 결과 장 보드리야르가 『시뮬라시옹』에서 보여 주듯이 실체와 비실체 간의 경계가 모호해지고 있다.[271]

대학에도 위기가 오고 있다. 인터넷의 확산으로 지식의 공유가 이루어지면서 대학의 지식 독점이 사라지고 있다. 교육이란 가르치는 사람과 배우는 사람 간에 존중이 전제되어야 한다. 그러나 오늘날에는 가르치는 교육자보다도 인터넷에 능한 학생이 먼저 정보를 검색해서 정보를 획득한다. 이처럼 지식 획득의 서열이 뒤바뀌고 있다. 그래서 그런지 학생들이 학습에 쓰는 시간도 줄어들고 있다. 브린욜프슨과 맥아피는 미국 대학생들이 사교 활동에 쓰는 시간이 전체의 51%인 데 비해 학업에 쓰는 시간은 수십 년 전보다 훨씬 적은 9%밖에 되지 않는다고 학습 시간의 부족을 지적하고 있다.[272] 이러한 정체성 위기 시대에서 무엇을 해야 할까?

원칙 : 자신을 재교육하라

이집트 신화에 피닉스라는 새가 나온다. 죽지 않는다고 해서 불사조라고 하는 피닉스는 어느 정도 시간이 흐르면 불 속으로 들어가 다시 태어난다고 한다.[273] 변화무쌍한 세상에 살아남기 위해서는 거듭 떨치고 일어나야 한다. 거듭 떨치고 일어나는 데 가장 효과적인 방법

은 새로운 교육을 받는 것이다. 새 지식이 들어오면 육체는 노쇠해질지라도 정신은 새로워진다. 교육에 투자하라! 대학에만 기대지 말고 자기 자신을 업그레이드하라. 조금이라도 업그레이드된 사람이 불확실한 상황을 타개해 나가는 데 유리하다. 다니던 정든 직장에서 나오게 되면 무엇을 해야 하는가? 대부분 등산이나 여행을 가면서 그동안 지치고 피로에 찌든 몸과 마음을 추스릴 것이다. 그러나 1년 내내 여행만 다니고 1년 내내 등산만 갈 수는 없다. 더구나 저축한 것이 많지 않다면 다음 준비를 해야 한다.

　미국인의 드림은 은퇴 후에 골프장에 가서 운동하며 사는 것이다. 그러나 아무리 골프가 재미있더라도 6개월을 골프장에서만 산다면 그 다음에는 지루해져서 무언가를 찾을 것이다. 사람이란 존재는 무언가 그냥 할 일 없이 빈둥거리며 놀 수 없는 존재이다. 얼마 동안은 그냥 좋겠지만 얼마나 오래 가겠는가? 인간이라면 무언가 일을 해야 하는 존재라고 생각한다. 또한 의미를 찾는 존재이기도 하다. 하는 일 없이 그냥 시간을 보내는 것은 참을 수 없는 일이다.

인공지능 시대가 도래하고 있는 현재 시점에서 보면 인공지능이 모든 직업에 영향을 끼칠 것으로 보인다. 인공지능 시대가 의미하는 바는 단순히 새로운 직업이 생기고 실업자가 증가한다는 것이 아닐 것이다. 이러한 문명의 전환 시기에는 더욱 자신을 재교육해야 한다. 피터 드러커 교수는 기간을 정해 놓고 한 분야의 책들을 집중적으로 읽었다고 한다. 유명한 석학들도 자신을 재교육시킨다. 그런 것처럼 나이가 들어도 재도전해야 한다. 더구나 90세까지 일해야 한다면 자신을 재교육해야 한다.

행동 : 자격증에 도전하라

인공지능 시대를 맞이해 무엇을 해야 하는가? 가장 가까운 곳에서부터 시작하라. 지금까지 경험한 적이 없는 분야 중에서 앞으로 도전하고 싶은 분야에 자격증이 있으면 도전해 보라. 불안감을 제거하는 가장 확실한 방법은 현재에 집중하는 것이다. 도전하다 보면 자신감이 생기고 불안감은 없어진다. 설령 그것이 실질적인 열매를 가져오지 않을지라도 도전 자체에 가치가 있다. 자격증은 화룡점정의 효과가 있다. 자격증을 우습게 보지 말라. 인사담당자 입장에서는 객관적 정보이다. 무시할 수 없다. 국가자격증이든 사설 자격증이든 없는 것보다 낫다. 도전하라!

4. 인공지능과 인간의 협업 시대

변화에 대처하는 가장 좋은 방법은 스스로 변화하는 것이다.

— 스트래퍼드 셔먼

생각해 보기 : 빅데이터 시대에도 데이터 과학자가 필요하다

인공지능 시대를 다른 말로 한다면 빅데이터 시대라고 할 수 있다. 왜냐하면 현재 머신러닝, 딥러닝 등 인공지능 기술들은 대량의 데이터를 필요로 하기 때문이다. 그렇다면 인공지능과 빅데이터가 결합한 시대에는 사람이 필요 없는가? 이 질문에 대해서 답한 사람이 있다. 분석 경영의 대가인 토머스 데이븐포트 교수이다. 그는 최근 자기 저서에서 빅데이터 시대에도 데이터 과학자가 중요하다고 했다. 생각해 보자! 인공지능 시대가 된다고 했을 때, 사회 모든 분야에 동시에 같은 수준으로 인공지능이 도입될 수 있을까? 그렇지 않다. 인공지능이 번개같이 도입되는 분야가 있는가 하면 지지부진한 분야도 있을 것이다. 막 컴퓨터 도입 열풍이 불었던 시대에도 각 회사마다 컴퓨터를 도입할 것인지 말 것인지 고민이 있었다. 그 당시에는 모두들 컴퓨터만 고성능으로 도입해 놓으면 일이 다 해결될 거라고 생각했다. 컴퓨터 가격이 최소 몇백만 원 이상이었기 때문에 컴퓨터를 도입하려면 예산안을 짜서 올리고 위에서 그 예산안을 통과시켜 줘야 예산을 받아 도입할 수 있었다. 회사들마다 그렇게 힘들게 예산을 따내서 컴퓨터를 도입했다. 저자가 연구원으로 있던 연구소에서도 비슷한 일이 벌어졌다. 힘들게 예산을 확보해 컴퓨터를 도입했지만 그 당시 소프트웨어가 필요하다는 점을 알아챌 만한 사람이 부서에 없었다. 컴퓨터를 도입 후 알아보니 소프트웨어는 별도로 구입해야 했다. 그리고 부서에는 그 컴퓨터를 활용할 사람이 많지 않았다. 왜냐하면 오퍼레이팅 시스템이 일반 컴퓨터하고 달랐기 때문이다. 결국 그 컴퓨터는 사무실 구석에 방치되고 말았다. 소프트웨어가 장착된 컴퓨터를 구입했다고 해도 이를 사용할 만한 전문가 인력 역시 별도로 채용해야 한다. 나중에 데이터 과학자, 이런 분들이 귀하신 몸이 될 것이다.

특징 : 인간에게 쉬운 일이 인공지능에게는 어렵다

"모라벡의 역설"이라는 유명한 이야기가 있다. 즉, 인공지능에게 매우 쉬운 일이 인간에게는 어렵고, 인공지능에게 매우 어려운 일이 인간에게는 쉽다는 역설이다.[274] 결국 인공지능에게는 어렵고 인간에게는 쉬운 일이 무엇인지 파악해야 한다. 포스트 휴먼 시대는 인간과 인공물이 공존하는 시대이다. 일찍이 브루노 라투르는 사실 인간이 무언가를 만들어 낼 때는 혼자서 도구 없이 만들지 못한다고 말했다.[275] 즉, 우리는 본질적으로 예전부터 사물과 협력해 무언가를 창조해 왔다. 현대의 도구는 그 자체가 생각하는 도구이다. 즉, 인공지능이나 로봇이 도구가 되고 있다. 인공지능 또는 로봇과 협업이 불가피하다면 과감하게 앞으로 나아가야 한다. 예전 컴퓨터가 작업 현장, 사무실에 처음 도입되었을 때를 생각해 보라. 어느 정도 높은 자리에 있던 어떤 직장인은 컴퓨터에 적응하지 못해서 컴퓨터에 하얀 보자기를 씌우고 그 위에 화분을 올려놓았다. 그래서 동료와 부하 직원들은 그 사람 몫까지 일하지 않으면 안 되었다. 그런데도 그 직장인은 해고되지 않았다. 그러나 IMF 쇼크가 와서 대규모 정리해고 사태가 벌어졌을 때 기업들은 두 가지 기준으로 남을 사람과 떠날 사람을 구분했고 결국 그 사람은 회사를 나가야 했다. 즉, 영어와 컴퓨터 운용 능력이 있느냐를 가지고 누구는 남고 누구는 나갔다. 이제 인공지능 시대도 마찬가지라고 본다. 인공지능을 이해하고 운용하고 협업 가능한 사람은 직장에 남고, 그렇지 못하면 나가야 할지 모른다.

많은 사람들은 인공지능으로 인해 공포와 불안감을 느끼고 있을 것이다. 그러나 차분해질 필요가 있다. 많은 사람들이 제2차 세계대전 때 독일군이 신형 무기인 탱크를 앞세워 프랑스를 점령했다는 것을 "파리는 불타고 있는가"라는 영화를 통해서 알고 있다. 그러나 대부분 사람이 모르는 사실 중 하나는 제2차 세계대전 중에 독일군이 말이나 가축을 전쟁에 동원했다는 사실이다. 현대화된 전쟁인 제2차 세계대전에서도 말이나 당나귀 등 가축이 보급 및 병참에 사용되었다! 마찬가지로 인공지능 시대가 오더라도 갑자기 모든 일이 인공지능으로 대체되지는 않는다.

닉 보스트롬 교수와 동료의 설문조사에 의하면 인공지능 전문가의 절반은 2045년에 강 인공지능이 개발될 것으로 전망하고 있으며, 응답자 대다수는 2075년이 되면 강 인공지능이 개발될 것으로 보고 있다.[276] 그렇다고 한다면 강력한 인공지능이 도래할 때까지 50년 가까이 남은 셈이다. 반백 년의 시간이 남았다. 어떻게 보면 현재 대학생들마저도 대부분의 직장생활 동안에 약 인공지능 시대에 살아갈지 모른다. 약 인공지능 시대는 적어도 인간이 주도하는 시대일 것이다. 따라서 인공지능과 협업하는 방법을 배워야 한다. 또한 로봇이나 인공지능과 협업하는 사회에서 인간의 역할이 무엇인가 심사숙고하고 자신의 역할을 재창출해야 한다. 어떤 사회에서나 자신의 역할이 있어야 한다.

원칙 : 멀티 스페셜리스트가 되라

저자가 감명 깊게 읽었던 책 중에 『멀티 스페셜리스트』[277]라는 책이 있다. 이 책은 하나 이상의 전공을 하라고 권유한다. 린다 그래튼 역시 『일의 미래』에서 두 분야 이상에서 심층적 기술을 습득해 결합하는 방법을 추천했다.[278] 인공지능은 탁월한 전문가이다. 그런 반면 인간은 처음부터 만물박사이다. 인간은 멀티 태스킹 소질을 가지

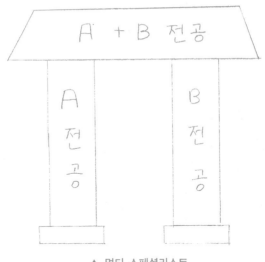

▲ 멀티 스페셜리스트

고 있다.[279] 이것을 살려야 한다!

그동안 인간 사회는 분화되어서 전문가가 대접받아 왔다. 이제 인간은 멀티 스페셜리스트로 전환해야 한다. 인공지능은 동시에 여러 가지 일을 수행하기 어렵다. 우리가 상식이라고 알고 있는 것들은 하나의 일의 뭉치들이다. 인간은 이러한 개별 상식들을 많이 모아 가지고 있다. 따라서 주어진 일을 금방 해낸다. 말하자면 공식을 수천, 수만 가지 갖고 있다. 멀티 스페셜리스트 본연의 강점을 살려서 자신의 역할을 재창조해야 한다.

앞에서 이야기한 바와 같이 직장 내에서 역할을 재창출할 필요가 있다. 프로야구 경기를 보면 승부에 땀을 쥐게 된다. 사실 경기장 내에서는 잘 치고 잘 던지는 것이 중요하다. 그러나 어떤 선수는 라커룸에서 리더 역할을 해서 팀에서 없어서는 안 될 존재가 되는 경우도 있다. 이처럼 각자의 역할이 있다. 변호사 업무 중에서 과거에는 소장을 쓰고, 증거를 수집하고 관련 판례와 법조문을 찾아보는 데 시간을 할애했다면, 이제 미래의 변호사는 그 부분은 인공지능 동료 변호사에게 맡기고, 자신은 그 변호사 업무의 앞부분, 즉 고객과의 상담 등 과거에는 소홀히 했던 분야[280]에 치중하며 새로운 부분을 개발해야 생존할 수 있다. 즉, 인공지능 시대라고 갑자기 변호사 업무가 없어지는 것은 아니다. 변호사는 존재하나 변호사의 업무 내용이 달라질 것이다. 아무리 챗봇이 뛰어나다고 하더라도 인공지능은 공감 능력이 약하므로 아직은 인간 변호사와 상담하는 것이 인간 고객에게는 편할 것이다.

　로봇이나 인공지능을 설계할 때 인공지능의 의인화 설계가 한창인 것은 사실이다. 즉, 기계이지만 인간과 유사하게 생긴 외모로 만들거나 목소리를 인간과 비슷하게 해서 인간처럼 인식하게 해 공감을 얻어 내려고 하는 시도가 많이 이루어지고 있다. 그러나 로봇이 너무 인간과 비슷하면 인산이 난처해하거나 공포감을 가질 수 있다. 이러한 현상을 uncanny valley 현상이라고 한다. 문제는 아무리 외모가 비슷해도 과연 진정으로 공감을 느낄 수 있느냐 하는 점이다. 인공지능이 감정을 표현하고 창출할 수 있도록 하는 설계에 대해 연구가 이루어지고 있지만 아무래도 인공지능보다 사람을 대하는 것이 더 편할 수 있다.[281] 이러할 경우 판례와 관련 법 검색은 정보처리 능력이 뛰어나고, 정확하고, 오류가 적은 인공지능 변호사에게 맡기고 고객 응대는 인간 변호사가 맡는 것도 방법이다. 즉, 인간 변호사와 인공지능 변호사 간에는 협업이 발생한다. 그리고 업무분장이 이루어진다.

행동 : 인공지능 이주민이 되라

인공지능 하면 빼놓을 수 없는 연구자로 신시아 브리지엘이라는 학자가 있다. 그녀의 모친은 한국인으로서, 신시아 브리지엘 박사는 현재 사업가로 활동하고 있다. 이 학자는 소셜 로봇을 만들어 낸 것으로 유명하다. 소셜 로봇은 인공지능 협업 시대를 대표하는 로봇이라 할 수 있다. 왜냐하면 인공지능과 인간이 협동하기 위해서는 상호 작용해야 하는데 소셜 로봇이 바로 인간과 상호 작용할 수 있도록 만든 로봇이기 때문이다. 현재도 많은 연구자들이 소셜 로봇을 제작하기 위해 힘을 경주하고 있다.

신시아 브리지엘은 이제 디지털 원주민이 아니라 인공지능 원주민 시대가 왔다고 이야기했다.[282] 이 이야기는 무슨 의미일까? 디지털 원주민이란 2000년대 초에 프랜스키라는 미국의 학자가 주장한 내용으로 앞으로 디지털 컴퓨터 시대에는 어릴 때부터 컴퓨터 환경에 익숙한 세대와 그렇지 못한 세대로 국민이 나누어진다는 것이다. 원래부터 컴퓨터 환경에 익숙한 어린 세대는 디지털 원주민이라고 불렸고, 대학을 졸업하고 나중에 직장생활을 하면서 컴퓨터를 배운 세대는 디지털 세대에 이민 온 사람과 같다고 생각해서 디지털 이주민이라고 불렀다. 신시아 브리지엘은 이제 그 기준이 인공지능으로 바뀌었다고 말했다.

인공지능 시대에도 직장에서 생존하기 위해서는 실천 가능한 일부터 해야 한다. 능력이 되는 사람들은 새로 문을 연 인공지능 대학원에 지원하기도 한다. 그러나 내가 능력이 부족하거나 여건이 안 될 경우에는 더 소박하게 시작할 수 있다. 우리 속담에 천리 길도 한 걸음부터라는 속담이 있다. 거창하지는 않지만 3시간짜리 인공지능 강의를 들어보는 것도 하나의 방법이다. 그것도 어려우면 책을 한 권 읽어보자. 그러는 과정에서 인공지능과 협업하겠다는 마음 자세가 생길 것이다.

5. 초장수 시대

스스로 늙었다고 생각할 때만 늙은 것이다.

— 미치 앤서니, 「은퇴혁명」

생각해 보기 : 에디슨의 발명 중 50세 이후 발명이 3분의 1이었다

"발명왕 에디슨은 총 1,093개 발명을 출원했는데 50세 이후 발명이 3분의 1이었다."[283] 노익장 에디슨은 "나는 아이디어는 많은데 시간이 없다. 100세까지라도 살 수 있기를 기대한다"라고 말했다.[284] 생물학자 최재천 교수는 『당신의 인생을 이모작하라』에서 우리나라를 포함한 선진 8개국에서 현재 수준의 노동인구를 유지하려면 정년을 적어도 77세 이상으로 올려야 한다는 UN보고서를 인용했다.[285] 게일 쉬히는 『남자의 인생 지도』에서 이제 50세부터 중년기로 보아야 한다고 이야기했다.[286] 경영학의 대부 피터 드러커 교수는 90세 넘어서도 일하다가 사망했다. 100세가 넘어서 활동하고 있는 김형석 명예교수는 지금도 책을 쓰고 강연 활동을 하는 등 일하고 있는 것으로 알려져 있다.

이 분들은 예외적인 분들이다. 그러면 미래 세대는 어떠한 모습으로 살아야 할까? 60세가 넘으면 은퇴해서 여행 다니고 사색하면서 한가롭게 살 수 있을까? 그런 장밋빛 인생을 계속 누리지 못할 수 있다는 경고도 있다. 일본 화제작으로 『과로노인』이라는 책이 있다. 노인이 되어서도 일할 수밖에 없는 사례들을 소개한 책이다. 지방 공무원이었던 요시오카 씨는 주위 사람의 부러움을 샀다. 퇴직할 때 연금수입도 넉넉했으며, 퇴직금도 상당히 많이 받았다. 그러나 딸이 이혼하면서 모든 것이 달라졌다. 딸이 중학교 다니는 손자와 초등학교 다니는 손녀를 데려와 요시오카 씨는 갑자기 아내, 딸, 손주 2명, 총 4명을 부양하는 가장이 되었다. 이혼하고 돌아온 딸은 우울증이 심해서 일할 형편이 못 되었다. 요시오카 씨의 재정 상황은 딸의 병원비, 손주 교육비, 5명의 생활비로 인해 단번에 적자로 돌아섰다.[287] 이 사례에서 보듯이 현재 모든 것이 풍족하다고 해도 그 풍족이 미래에도 지속된다는 보장이 없다. 불가피하게 예상치 않은 돈이 필요할 수도 있으며, 자기 자신의 사회 활동을 위해서도 큰 그림을 그려야 한다.

특징 : 인생 120세 시대

최근 서울대학교 김도연 명예교수는 대학협의회 기조연설에서 미래 사회 특징 중 하나로 초장수 사회를 거론했다. 그는 120세까지 수명이 연장될 것이라고 보았다. 과연 그만큼 수명을 누릴 수 있을까?

영웅이라고 불린 사람 중에서는 120세까지 산 사람이 있다. 바로

이스라엘의 영웅인 모세이다. 모세는 40세까지 이집트 왕궁에서 살다가 동족을 괴롭히는 병사를 죽이고 탈출해 외국에서 40년 동안 양을 치며 살았다. 그리고 80세 무렵, 부르심을 받고 이집트로 귀환해[288] 동족을 이끌고 나와서 40년간 광야생활을 지도한 것으로 되어 있다.[289] 특별한 영웅이 아니라 평범한 사람이 120살까지 살 수 있을까? 보통 사람들은 실감이 나지 않을 수도 있다. 그러나 미래 선진국의 평균 수명은 90세 이상으로 늘어나며, 머지않아 100세에 도달할 것으로 예상되고 있다.[290] 지금으로부터 30년 뒤인 2050년에는 전 세계 85세 이상 인구가 1억 7천 5백만 명이 될 것으로 추정된다.[291] 따라서 우리들의 예상보다 수명이 더 늘어날 가능성은 크다. 왜 그러한가?

지금까지 상당수 사람들이 사망하는 이유로는 주로 세 가지가 거론된다. 첫째, 사고사로 인한 사망이다. 특히 남자들은 위험한 일이나 교통사고, 타인과의 다툼 등 사고사로 사망하는 경우가 많이 있다. 둘째, 소금을 많이 섭취하거나 흡연 등 건강상의 나쁜 관습으로 인한 사망이다. 셋째, 장기 일부에 문제가 생긴 탓으로 인한 사망이다.

그러나 인공지능 시대가 도래하면 인간은 첫 번째 위험으로부터 많이 해방될 것이다. 일단 완전자율주행 자동차가 도로를 달리게 되면 교통사고 사망률은 극적으로 감소할 것이다. 자동차 사고는 대체로 운전자의 부주의가 원인인 경우가 많다. 비 오는 날에 앞에 가는 사람을 인식하지 못하거나, 행인을 보지 못해 사고가 발생하는 경우 등이 그것이다. 그러나 자율주행 자동차는 인간처럼 졸음운전을 하지 않으며 카메라가 작동하기 때문에 보행자를 놓치지 않는다. 따라서 교통사고로 사망할 확률은 획기적으로 감소할 것이다. 또한 빌딩에 매달려 청소하거나 고압선 위에 올라가는 등 고위험 업무는 인공지능 드론이나 로봇이 대신할 것이므로 사고사가 발생할 가능성은 줄어들 수밖에 없다. 두 번째, 텔레매틱스 기술이 활성화되어 대다수 사람들이 웨어러블 기기를 장착하게 되면 인공지능이 각 개인의 건강 상태를 실시간으로 체크해 주기 때문에 심장마비 등 돌연사의 위험으로부터 해방될 것이다. 또한 건전한 건강 습관을 기르면 보험료를 할인해 주는 보험 상품이 출시되고 있으므로 사람들은 건전한 건강 습관을 기르기 위해 노력할 것이고 그로 인해 점차 건강 상태도 좋아질 것이다. 따라서 인공지능 시대가 본격적으로 도래하면 인간의 수명은 극적으로 증대될 것이다. 셋째, 사람은 신체 모든 기관이 한꺼번에 고장이 나서 사망하기보다는 평소 약했던 기관이 고장이 나서 사망하는 경우가 대부분이다. 그러나 미래에는 3D 프린팅 등 인공장기 기술이 발달할 것이기 때문에 부분적 고장 때문에 사망할 가능성 역시 많이 줄어들 것이다. 결국 이 세 가지 요인이 동시에 작용해 미래 평균 수명은 현재 생각보다 더 증가할 것이라고 본다.

원칙 : 60세 이후 20년을 준비하라

성공적 노화의 개념이 바뀌고 있다. 과거에는 건강하고 활발하게 사회 활동을 하면 성공적 노화라고 보았는데 현재는 창조적 활동도 가능하다는 방향으로 개념이 수정되고 있다.[292] 사람은 먼저 계획을 세워야 그것을 실행한다. 계획 없이 실행하지는 않는다. 따라서 자기만의 계획표를 만들어야 한다. 그것이 인생 지도이다. 이제는 각자의 인생 지도를 그려 보라!

저자가 대학을 다닐 때만 하더라도 우리 평균 수명은 60대 근처였다. 그러다가 2000년대 들어서 우리 평균 수명은 80세 초반이 되었다. 이제는 80대 중반을 향해 다가가고 있으며, 곧 90세가 될 것이다. 그러다 향후 100세를 달성할 것이고 미래 세대에는 100세 이상까지 생존하는 사람도 생길 것이다. 피터 드러커 교수는 90세 넘어서 강의를 준비하다가 돌아가셨다. 이 분의 출생년도를 생각해 보라! 무려 1909년에 태어나셨다. 그때와 약 90년 후인 2000년대 태어난 사람의 영양 상태와 의료 환경을 비교해 보라. 현재 일본은 100세 이상 인구가 7만 명을 넘어섰다. 우리나라도 100세 넘는 분들이 많이 나타날 것이다.

저자가 재직 중인 대학에는 "꿈 설계"라는 1시간짜리 과목이 있다. 그 과목은 딱히 특정한 전문 지식을 가르치는 과목이 아니고 교수와 학생들이 자유롭게 만나는 시간이다. 교재가 주어진 것도 아니다. 모두 가르치는 담당 교수의 재량에 달려 있다. 저자는 무엇을 할까 고민하다가 한 학생이 "인생 100세 계획"을 세워서 앞에서 발표하고 나머지 학생들은 거기에 대해 자기 의견을 제시하는 방식으로 운영하기로 했다. 그래서 학생들에게 100세 계획을 발표하라고 했더니, 60세까지는 계획이 있지만 60세 이후에 구체적인 계획을 세운 학생은 많지 않았다. 대부분 60세까지 열심히 일해서 노후자금을 축적하고 그 뒤부터는 하고 싶은 일 하겠다, 여행을 다니고 싶다, 요리책을 내고 싶다, 시골에 별장 짓고 살겠다는 등 구체성이 부족했다. 그러나 이제부터는 달라져야 한다.

이제는 60세부터 90세까지 인생 2모작 시대를 고민해야 한다. 왜냐하면 매우 드문 사람만이 90세 시대를 맞이하는 것이 아니기 때문이다. 앞으로는 평균 수명이 84세이므로 보통 사람은 60세가 넘어도 20여 년은 더 살 수 있다. 그러면 60세 이후 여행 다니며 살 만큼 우리는 충분히 저축하고 있는가? 우리 기성 세대에서 자식들을 대학 보낸다고 있는 돈을 거의 다 써버린 경우가 적지 않을 것이다. 무슨 돈이 남아 있겠는가? 결론은 단순하다. 60세부터 다시 제2직장에서 일하는 것이 가장 현실적인 대안이다. 그리고 현재 60세에 은퇴한다는 생각은 아마 90세 이후로 미루어야 할 것이다. 그러나 그것도 일반 직장에서 은퇴할 뿐 사이보그 시대에 장기를 갈아 끼우는 시대가 된다면 90세 이후에도 사회생활이 가능할 수도 있다. 이때부터는 봉사직이 맞을 것이다. 인생을 120세로 보고 한번 생각해 보자.

제1막(성장·학습 시기) : 1 ~ 29세(학습)

제2막(제1직장 시대) : 30 ~ 59세(정규직)

제3막(제2직장 시대) : 60 ~ 89세(계약직)

제4막(영성봉사 시대) : 90 ~ 120세(자유직)

인생은 한 세대가 30년이니 총 4세대를 거치게 된다. 제1막은 성장 및 학습 시기이다. 이때 우리는 학습 단계에 들어선다. 제2막은 직장생활을 하는 시기이다. 주로 정규직으로 일한다. 제3막은 제2직장생활 시기이다. 이때 정규직을 유지하는 사람도 있겠지만 계약직도 많아진다. 그리고 제4막은 자기를 돌아보고 기회가 오면 봉사하는 단계로 구성될 것이다. 따라서 적어도 80세까지는 일하는 것이 당연한 시대가 온다. 그리고 실제로 그렇게 해야 한다. 은퇴란 없는 것이다. 농촌 노인들이 은퇴하는 것을 보았는가? 그분들은 나이가 들어도 밭에 나가서 일을 하신다. 이제는 누구나 일을 하는 것이 당연한 일이 될 것이다. 어떤 분들은 후반부 되기 전에 월세가 많이 나오는 몇 층짜리 큰 건물을 사서 말년은 일 안 해도 돈 걱정 없이 살려는 계획을 세우기도 한다. 그러나 일 안 해도 될 것이라는 생각 자체가 잘못되었다. 은퇴란 없는 것이다.

행동 : 찰스 핸디 따라 하기

찰스 핸디라는 영국 출신 학자가 있다. 그는 일찍이 더치 셸이라는 전도유망한 석유 회사에 근무하다가 미국에서 경영학을 공부하고 경영대학원 교수를 거쳐 정규직에서 나온 뒤에 프리 에이전트로 삶을 영위하고 있다. 그는 하나의 단계가 종료하기 전에, 즉 현재의 직장에서 최고점에 이르기 전에 다음 단계를 시작해야 한다고 조언했다[293]. 만약 인공지능의 도래로 말미암아 직업의 미래가 한층 더 불투명하다면, 더욱 인생 지도라는 보다 장기적 관점에서 직업을 조망해야 한다.

외국의 전설적인 탁구 선수는 서브를 넣을 때 항상 상대방의 코너 살짝 옆에 넣는 연습을 수도 없이 했다고 한다. 코너 자체를 노리면 서브가 실수해 아예 공이 밖으로 나갈 위험이 있기 때문에 코너 바로 몇 센티미터 옆에 공을 보내는 연습을 했다고 한다. 찰스 핸디의 전략은 그런 점과 일맥상통한다고 하겠다.

▲ 찰스 핸디 그림

6. 초연결 시대

살아 있는 것은 다 행복하라.

— 법정

생각해 보기 : 행복이란 무엇인가?

인간은 누구나 행복하기 위해 노력한다고 생각할 것이다. 그러나 여기에 실망스러운 소식이 하나 있다. 인간 두뇌는 원래 행복감을 지속하기 어렵게 설계되어 있다는 것이다. 인간 두뇌는 적응이 빠르기 때문에 아무리 좋은 일이 일어나더라도 금방 초기 설정점으로 회귀한다고 한다.[294] 일시적으로라도 행복감이란 어디서 올까? 겉으로 드러난 부분은 사회적 성공과 관련이 있다.[295] 언제 성공했다는 느낌이 들까? 누군가가 내가 성공했다고 인정해 주면 성공한 느낌이 들 것이다. 그러면 누가 나의 노력과 고생을 알아주어야 할까? 그것은 친구와 가족이다. 누구든 친구와 가족의 인정을 받고 싶어 안달한다! 아무리 높은 자리에 올라갔다고 해도 그것을 아무도 알아주지 않는다면 뿌듯한 마음이 들 수 있을까?[296] 대부분 직장생활을 하느라 가족과 지내는 시간이 많지 않다. 회사생활에 지쳐서 집에 들어오면 씻고 자기 바쁘다. 그리고는 그 다음 날 또 새벽같이 나간다. 그러나 사람들이 의존할 곳은 어디인가? 울타리 안인가? 울타리 밖인가? 그것은 울타리 안에 있는 가족이다. 특히 자식들과 친해야 한다. 일하기 바빠서 미처 자식들에게 시간을 많이 내지 못하는 경우가 많다. 아이들이 크면 각자 자기 세계로 들어간다. 문제는 대부분 아이들이 어릴 때가 부모가 가장 바쁠 때라는 점이다. 그러므로 가족과 시간을 보내기 어렵다. 아무리 바쁘더라도 아이들이 어릴 때 가족과 같이하는 내적인 시간을 만들어라.

> 내 알리나니 도 닦는 이들이여
> 밖으로 구해 마음을 괴롭히지 마라.
> 사람에게는 정령한 물(物)이 있어
> 글자도 없고 문체도 없네.
> 부를 때에는 분명히 응하건만
> 숨어 있다 해도 있는 곳 또한 없네.
> 친절하고 또 알뜰히 잘 보호해
> 점이나 그 흔적 있도록 하지 마라.
> — 한산시[297]

특징 : 풍요 속의 빈곤

군중 속의 고독감이라는 말이 있다. 겉으로 관계를 맺고 있는 사람들은 많은데 정작 믿고 의지할 만한 사람은 많지 않다. 풍요 속의 빈곤이라는 말이 생각나게 한다. 최근 SNS가 활성화되면서 많은 사람들에게 팔로워들이 많이 생겼고, 블로그를 운영하는 사람에게는 많은 이웃들이 생겼다. 그런데 그들 모두가 과연 나의 진정한 친구들인가? 언젠가부터 인간관계가 덧없어지기 시작했다. 아는 사람은 많은데 그들 중에 내가 어려움에 처했을 때 과연 누가 도와줄 것인가? 하고 자문해 보면 답이 쉽게 나오지 않는다. 따라서 인간관계 면에서 현대는 풍요 속의 빈곤이라는 용어가 적절한 것 같다. 친구는 많은데 정작 믿고 의지할 친구는 적다!

나이가 들어보니 알겠다. 예전에는 이런저런 일로 연락하는 사람이 꽤 있었다. 그러나 나이가 드니 내 쪽에서 연락하기가 뭐하고, 저쪽에서도 연락이 뜸하다. 결국 연락하는 사람들은 많이 줄어든다. 얼마 전 나이 든 어르신들을 상대로 면담조사를 한 적이 있다. 열 명 남짓 면담을 했는데 모두가 털어놓는 말씀이 외롭다는 것이다.[298] 젊었을 적 거리를 지나가다 남녀가 다정히 이야기하며 지나가는 것을 보게 되면 속으로 남들은 저렇게 이성 친구가 있는데 나는 뭐람! 그런 생각도 했다. 시간이 지나고 생각해 보니, 그 지나가던 커플도 한때인 것이다. 그 사람들이 전성기일 때 우연히 나와 마주친 것이리라. 누구나 각자의 전성기가 있다. 아마 내가 전성기였을 때 내 옆을 지나가던 사람들도 나와 같은 생각을 했으리라.

원칙 : 가족과 친구를 소중히 여겨라

1983년 마크 그라노베터라는 학자가 매우 획기적인 논문을 발표했다. [299] 「약한 결속의 힘 The strength of weak ties」이라는 제목의 논문이다. 그 논문에 따르면 직업 구하는 데 도움을 주었던 사람들을 조사해 보았더니 놀랍게도 가장 가까운 사람이 도움이 되는 경우보다는 그저 아는 정도의 사람들이 도와준 경우가 압도적으로 많았다. 강한 결속 관계도 중요하지만 정작 직장을 구하는 데는 약한 결속관계에 있는 사람들이 중요하더라는 것이다. 그러니 모두 소중한 존재이다.

전 세계적으로 출산율은 계속 하락하고 있지만 평균 수명은 계속 늘어나고 있다. 아프리카 대륙에서는 인류의 수가 늘어나겠지만 일반적으로 선진국에서는 점차 인간이 줄어들 것이라고 본다. 왜냐하면 로봇이나 인공지능이 넘쳐날 것이기 때문이다. 그러한 사회일수록 사람의 가치는 더 증가할 것이다. 지금도 사람의 가치는 중요하다. 특히 친구의 가치는 말할 것도 없이 소중하다. 따라서 진정한 친구를 만드는 네 많은 시간을 두사해야 한다. 불교 초기 경진 『숫다니파다』에서도 생각이 깊고 현명한 친구를 가까이하라고 권유한다. [300] 이제 관계 지도를 작성해 보자! 사실 모두 중요한 존재들이다. 친구가 있고 직장 동료가 있으며, 스승 및 멘토가 있다. 또한 부모, 자식들도 있으며, 배우자도 있다. 이들로 관계 지도를 그려보자. 그리고 자문해 보라! 나는 그들과 어떤 관계에 있는가? 나는 진정한 친구가 과연 있기라도 하는가? 부모님과 나는 좋은 관계인가? 내게 스승은 있는가? 평소에는 공기나 물과 같이 친구나 부모님에 대해 당연히 있는 것으로 생각하기 쉽지만 그렇지 않다. 시험에 합격하고 난 뒤에 직장에 들어가려면 보통 신원보증인의 보증을 요구하는 경우가 많다. 그때 과연 누가 선뜻 신원보증을 해 주겠다고 나서겠는가? 그때는 부모님이나 친척, 가까운 친구에게 부탁하는 수밖에 없다. 사실 그분들이 소중한 자산들이다.

행동 : 옛 친구에게 전화해 보자

옛 친구에게 전화해 보자. 예로부터 현인들은 친구의 중요성에 대해 언급했다. 그리스의 현인인 솔론은 "성급하게 친구로 삼지 말라. 일단 친구로 삼은 자라면 성급하게 물리치지 말라"라고 했다.[301] 『집회서』는 "성실한 친구는 값으로 따질 수 없으니 어떤 저울로도 그의 가치를 달 수 없다"라며 친구의 중요성을 이야기했다. 친구란 오래될수록 가치가 있다. 인류학의 연구에 의하면 원래 친구란 나와 혈연관계가 없는 사이에서 서로 사회생활을 하면서 정보를 주고받기 위해 생겨난 인간관계라고 한다. 친구를 만나면 악수를 한다. 악수의 의미가 무엇일까? 손 안에 칼을 숨기고 있지 않다는 의사표시인지도 모른다. 손바닥을 보이면서 내가 칼을 들지 않았다는 것을 상대방에게 보이는 것이다. 친구는 오래될수록 가치가 올라간다. 왜일까? 오래될수록 시간의 경과 속에서 여러 가지를 경험하면서 상대방의 내면을 읽어가기 때문에 신뢰가 상승한다. 신뢰란 무엇일까? 그건 그 사람 행동의 하한선을 안다는 이야기이다. 그 사람의 행동이 예측 가능하다는 말이다. 우리는 자동차를 몰 때 차선을 변경하려면 깜빡이를 켠다. 왼쪽으로 가려면 좌측 신호기를 가동하고 오른쪽으로 차선을 변경하려면 오른쪽 신호기를 작동시킨다. 그렇게 함으로써 자동차 사고가 많이 방지된다. 왼쪽 신호기를 키고 오른쪽으로 차선을 변경하면 사고가 날 가능성이 커진다. 즉, 오래된 친구일수록 그 사람이 어떨 때 어디의 신호기를 작동시키는지 알고 그에 따른 그의 행동을 예측할 수 있다. 사회생활 하면서 바빠서 최근에 연락이 드문드문한 친구가 있으면 먼저 전화를 해 보자.

7. 영성의 시대

하늘의 도는 채움을 꺼린다.

— 감산덕청, 「노자 도덕경」

생각해 보기 : 마음은 거대한 영토를 가진 별개의 왕국 이다

독자 여러분은 혹시 마빈 민스키라는 사람을 아는가? 소위 인공지능 시대를 연 개척자 중 한 사람이 마빈 민스키 교수이다. 그는 경력 후반부에 『마음의 사회』라는 책을 출간했다.[302] 저자도 그 책을 읽어 보았다. 인공지능의 대가인 마빈 민스키 교수는 놀랍게도 인공지능에 대한 책이 아니라 엉뚱하게 인간의 마음에 관한 책을 썼다. 왜 그랬을까?

예전에 이런 말이 있다. "외국에 가면 애국자가 된다." 마치 숲속에서는 숲을 보지 못하고 나무만 보듯이 국내에서는 대한민국이라는 나라를 제대로 볼 수 없어서일 것이다. 그러나 외국에 가 보면 대한민국을 객관적으로 보게 된다. 그래서 애국자가 되는지도 모른다. 명상이란 자기 자신을 벗어나서 자기를 바라보는 것이라는 말이 있다. 외국에 나가면 명상하는 것과 마찬가지 상태가 되는지도 모른다.

마빈 민스키 교수도 인공지능을 연구하다 보니 인간을 보다 객관적으로 이해하게 되었는지도 모른다. 마빈 민스키 교수의 책 제목인 『마음의 사회』란 마음은 단일체가 아니고 복잡한 구조를 가지고 있어서 사회를 이루고 있다는 의미이다.

사실 마음이 어디에 있느냐를 놓고 뇌과학자와 신경과학자들은 설전을 벌이고 있다. 대다수는 마음이 인간의 두뇌 안에 있을 것이라고 생각했다. 그러나 MRI 등으로 뇌를 촬영해 보아도 잘 알 수 없다.[303] 모두들 그 때문에 당황하고 있다. 우리는 그만큼 우리 자신을 모른다.

우리 인간은 인터넷을 통해 사이버 공간이라는 전무후무한 공간을 만들어 내었다. 거기서 만나서 상거래까지 하고 있다. 소위 전자상거래 시대이다. 즉, 눈에 보이지 않는 거대한 무형의 세계가 창조된 것이다. 마음의 세계는 무한하다. 물질 세계의 광대함에 못지않다. 인공지능 시대를 이겨 나가기 위해서는 어떻게 보면 인공지능에 대한 아이작 아시모프의 로봇 3원칙 등을 궁구해 나가기보다는 아예 인공지능에서 멀리 떨어서서 거꾸로 인간을 연구하는 것이 더 지름길인지도 모른다.

특징 : 물극필반

20세기는 물질 만능의 시대라고 할 수 있다. 인간은 물질 도구를 만들다 못해서 마침내 인간 자신을 닮은 자율성이 있는 인공지능을 만들어 내고야 말았다. 어떻게 보면 판도라의 상자를 열었는지 모른다. 모두들 서슴없이 "부자되세요"라고 말한다. 그것 말고 할 말은 없는가? 모두 재산으로 남을 평가한다. 그것만이 전부인가? 고상한 척하려는 것은 아니다. 저자도 물질을 중요하게 생각한다. 물질이 없다면 우리가 존재할 수 없기 때문이다. 그러나 그렇다고 물질이 전부라고 말하기도 어렵다. 좀 품격 있게 행동할 수 없을까? 우리 모두는 인공지능 앞에서 겁에 질려 있다. 막연한 공포가 우리를 잠식하고 있다.

사실 인공지능은 우리 인간의 지식과 지혜의 소산으로 물질적 존재이다. 인공지능의 공포에서 탈출하려면 정반대의 길도 타당해 보인다. 우리 인간이 물질에 매여 있고 포기하기 어려우므로 인공지능 기술이 필요한 면도 있다. 그렇다면 인공지능을 극복하기 위해 물질에 매이지 말고 조금 떨어져서 바라보는 것도 하나의 방법이다. 『노자 도덕경』에 물극필반物極必反이라는 경구가 있다. [304] 한쪽으로 쏠리면 언젠가는 되돌아온다는 의미이다. 이렇게 극단적으로 물질로 가다 보면 결국 다시 정신이 고양되는 시대로 돌아올 것이다. 인공지능 시대에는 인공지능 로봇이 인간의 육체 노동 및 정신 노동 일부도 부담해 줄 것이기 때문에 인간들은 다시 정신의 시대로 회귀할지 모른다. 그러나 물질 문명에서 어느날 갑자기 정신이 우선인 문명으로 바뀌기는 어렵다. 시간이 걸릴 것이다.

원칙 : 사유하고 명상하라

인공지능 시대의 특징 중 하나는 기술 변화 속도가 너무 빠르다는 것이다. 따라서 외부 환경에만 신경을 쓰다 보면 방향 감각을 상실하게 된다. 이러한 때에는 사유하고 명상함으로써 균형을 잡아야 한다.

예전에 갑자기 "선생님 좋은 땅이 있습니다"라고 땅을 사라고 유혹하는 전화를 받은 적이 있다. 정말 그 땅에 투자 가치가 확실하게 있다면 자신이 은행에서 대출받아 사서 몇 배 차익을 남기면 될 일이지 그 좋은 땅을 살 기회를 왜 타인에게 양도하는가? 서로 친한 친구도 아니며 생전 보지도 못한 사람들에게 말이다.

이렇게 불확실한 시대일수록 냉정해야 하고 자신으로 돌아가야 한다. 유교에는 내성외왕內聖外王이라는 개념이 있다. 안으로는 침잠해서 성인이 되기 위해 노력을 아끼지 않고 밖으로는 출사해서 우두머리가 된다는 개념이다. 그리스도교에서도 예수님은 밖에 나가서 사람들이 보는 앞에서 기도하지 말고 골방에 들어가서 기도하라고 말씀하신다. 불교에서도 선승은 동굴 속에서 참선한다.

예전에는 남자나 수컷은 수염이나 갈기털이 특징이었다. 수컷 사자를 보라! 이집트 파라오를 상징하는 아부 심벨 신전의 람세스 2세 상을 보면 수염이 매우 길게 나 있다. 칭기즈 칸은 외국 사절이 올 때 회담이 결렬되면 외국 사절의 수염을 밀어서 내쫓았다. 즉, 모욕을 주었다. 불교에서 삭발한다는 것은 세속에서 떠났다는 것을 의미한다. 그런 정신으로 자기 자신에게 돌아가서 사유하고 명상할 필요가 있다.

행동 : 옛날로 돌아가서 책을 읽자

온고이지신溫故而知新이란 명구가 있다. 옛것을 궁구해 새것을 안다는 의미이다. 저자는 친구의 도움으로 젊었을 적에 서울, 경기도, 강원도 근처 산 50여 군데를 등산했다. 등반 전성기 때는 1박 2일로 갈 때도 있었다. 어떨 때는 불가피하게 밤에 산길을 간 적도 있었다. 밤에는 무섭기도 하지만 길을 잃어버리기도 쉽다. 산길을 가다가 길을 잃었을 때 가장 좋은 방법은 길을 아는 확실한 지점까지 후퇴하는 것이다. 그래야 다시 제대로 된 길을 찾을 수 있다.

철학자 하이데거의 『사유란 무엇인가?』라는 책이 있다. 철학자 하이데거는 "지금까지의 인간은 이미 수세기에 걸쳐서 행동은 너무 많이 해 오고 사유는 너무 적게 해 왔다"라고 지적했다.[305] 하이데거의 또 다른 저작물 『숲길』에서는 "고요함은 운동의 극단적인 경우이다"라고 이야기했다.[306] 우리는 시대의 전환 앞에 서서 자신의 직업에 대해, 직업의 미래에 대해, 자기 자신에 대해, 고요히 생각해 보아야 할 필요가 있다. 명상해 보아야 한다. 프랑스의 경제학자 겸 미래학자인 자크 아탈리는 『살아남기 위하여』라는 제목의 책에서 생존하기 위한 세 가지 원칙을 제시했다. 오로지 자기 자신을 믿어라. 남의 손에 자기의 운명을 맡기지 말라. 고도로 복잡한 전략을 사용하라. 그 외에도 일곱 가지 원칙을 제시했다.[307] 이 원칙들을 음미해 보기로 하자.

첫째, 자긍심의 원칙이다.[308] 자기 자신을 소중히 여기고 사랑하라는 자중자애_{自重自愛} 원칙이다. 사회는 남의 자원을 활용하려는 사람으로 가득 차 있다. 말은 그럴듯하게 하지만 결론은 너의 자원을 내가 공짜로 사용하겠다는 것이다. 이러한 유혹에서 벗어나야 한다.

둘째, 전력투구의 원칙이다.[309] 20년 후의 비전을 수립한다. 현재 50세라면 70세에 무엇을 하겠다는 비전을 세워야 한다. 인공지능 협업 시대에서 내가 70세가 되었을 때 무엇을 할 수 있을까를 생각해 볼 필요가 있다.

셋째, 감정이입의 원칙이다.[310] 잠재적 우군과 잠재적 적군을 식별한다. 사실 누가 우군이고 누가 적군인지 알기 어려운 것이 사회생활이다. 우군이든 적군이든 다들 호의라는 멋있어 보이는 옷을 입고 다가온다. 아군과 적군을 식별할 수 있는 지혜를 가져야 한다.

넷째. 탄력성의 원칙[311]이다. 비상 예비자원을 마련하고 보험을 들어놓는다. 능력이 100%라면 평소에는 70%를 가동하고 30%는 예비자원으로 남겨놓아야 한다. 그러다가 기회가 오면 예비자원 30%를 더 투입해 전력으로 도약해야 한다. 높이뛰기 선수를 보라! 처음에는 천천히 달리다가 마지막 순간에 스퍼트를 하고 도약한다. 결정적 순간에 도약하기 위해 예비자원을 마련해야 한다.

다섯째, 창의성의 원칙[312]이다. 위기를 기회로 바꾸기 위해 부족함을 진보의 원천으로 삼아야 한다. 부족하니까 오히려 분발하게 된다. 그런 면에서 부족함이 오히려 성장의 바탕이다. 한마디로 헝그리 정신이 있어야 한다.

여섯째, 유비쿼터스의 원칙[313]이다. 가장 우수한 자를 자기 편으로 만들되, 자긍심을 잃지 말아야 한다. 우수한 자와 동맹을 맺되 자신의 정체성을 항상 자각해야 한다. 그리고 자존심을 지키기 위해서는 꾸준하게 실력을 배양해야 한다.

일곱째, 혁신의 원칙[314]이다. 누구도 자기 자신을 스스로 혁신하지 않고서는 살아남을 수 없으며 더 나은 삶을 살 수도 없다. 인류의 조상도 먼 옛날에 아프리카 초원을 떠나는 결단을 내렸다. 영어 단어 중 결정, 결단이란 단어는 decide이다. 여기서 cide는 칼이라는 의미이다. 결정은 칼로 내려친다는 의미이다. 필요한 경우라면 우리도 혁신의 결단을 내려야 한다.

우리는 생존해야 한다 — 영성과 직업의 미래

당신이 잠 좀 들었다고 해서 안 될 게 뭔가?
그건 그렇다 치고
잠을 자면서 꿈 좀 꾸었다고 해서 안 될 게 뭔가?
그건 그렇다 치고
꿈속에서 당신이 천국으로 가서
어떤 기묘하고 아름다운 꽃을
거기에 심었다고 해서 안 될 게 뭔가?
그건 그렇다 치고
깨어났을 때
당신이 그 꽃을
손에 쥐고 있다고 해서 안 될 게 뭔가?

— 새뮤얼 테일러 콜리지, 『꿈속에서 가져온 꽃』[315]

베스트셀러 작가인 웨인 다이어 박사는 자신의 저서에서 새뮤얼 콜리지의 시를 소개했다.[316] 인간은 인생의 3분의 1, 즉 매일 8시간 숙면을 취한다. 그리고 꿈을 꾼다. 그런데 꿈속에서는 꿈속의 사건들이 현실인 것처럼 느껴진다. 현실 세계만 세계라는 생각을 버리고, 꿈속 세계도 하나의 세계라고 생각해 보자! 그렇게 본다면 인간은 두 종류의 세상에 살고 있다. 인생의 3분의 1을 꿈속 세계에서 살고 있고,

나머지 3분의 2는 현실 세계에서 의식이 깨어 있는 상태에서 살아간다. 발명가들은 계속 상상을 해서 발명을 한다. 즉, 의식은 깨어 있지만 상상력을 활용한다고 할 수 있다. 시인 새뮤얼 콜리지의 시어^{詩語}를 빌리면 꿈속인지 현실인지 알 수 없는 곳에 심었던 아름다운 꽃을 현실에 가져올 수 있는 것이다. 이처럼 인간의 정신 세계는 풍요롭다.

경영학의 창시자 피터 드러커 교수는 생물학적 프로세스와 기계론적 프로세스를 구별한다. "기계론에서는 부분의 합은 전체와 정확히 일치한다. 그러나 생물학적 현상은 전체를 구성하는 부분들이 또 다른 전체로서 존재한다. 따라서 생물학적 현상은 전체와 부분의 합이 일치하지 않는다."[317] 인공지능의 문제는 단순히 기계 자체에 대한 문제가 아니다. 인공지능은 스스로 학습하는 존재가 되어가고 있다. 어떻게 보면 인공지능은 생물과 무생물의 중간적인 존재인지도 모른다. 그런 만큼 우리가 인공지능을 여러 각도에서 부분적으로 접근해서 짜 맞춘다고 해도 인공지능의 미래를 다 예측할 수는 없을 것이다. 본서에서는 다만 가까운 미래에 대해 생각해 보았다.

직업의 미래에 관해 현재의 불안한 상황을 탈출하는 데 세 가지 가능성이 있다고 생각한다.

첫 번째 가능성은 준전문가 집단의 부상이다.[318] 법률 분야에서 준전문가란 변호사는 아니지만 그 아래 단계의 직업 훈련을 받은 사람들이다. 준전문가들은 전문가들이 활동하는 시장에서는 기회를 가지지 못했다. 즉, 준전문가 고용시장은 존재하지 않았다. 그러나 만약 변호사라는 전문가의 임금이 비싸서 회사에서 인간 변호사를 인공지능으로 대체하려고 한다면, 인간 전문가와 인공지능 사이에 틈새시장이 있을 수 있다. 그곳은 준전문가들이 활약할 수 있는 공간이다. 변호사가 분쟁 해결을 담당해야 하지만 일반 시민의 입장에서 변호사는 비싸서 고용하기 꺼린다면, 준전문가인 조정인이나 중재인을 활용하는 방법이 있다. 일반 시민들이 컴퓨터나 인공지능에 대한 초급 및 중급 단계의 강의를 들으려 한다면, 굳이 최고 수준의 전문가에게 강의를 들을 필요까지는 없을 것이다. 전문자격증은 없지만 관련 업계에서 오래 근무한 사람이라면 초심자들에게는 도움이 될 것이다. 한쪽에서는 인공지능의 도입으로 전문가 직업이 사라지지만 다른 한쪽에서 준전문가 직업이 새롭게 창출될 여지가 있을 수 있다.

두 번째 가능성은 마이크로 다국적 기업을 창업하거나 마이크로 다국적 기업에 참여하는 것이다. 3D 프린팅 기술은 생산 비용을 획기적으로 절감할 수 있으며, 다품종 소량생산 시대에 적합한 생산 방식이다. 미래에는 전 세계적으로 고령화가 진행됨에 따라서 1인 가구가 많아질 것이다. 이들은 개별성·맞춤형 소비의 특징을 보일 것으로 전망된다. 따라서 이들을 대상으로 전자상거래를 통해 마케팅을 하며, 생산도 자기 집에서 하는 것이 가능한 상황이 되고 있다. 더구나 최근에는 디지털 무역이 새로 부상하고 있다. 전자파일 형태로 물품을 수출하기 때문에 디지털 무역은 통관이나 운송 등 번거로운 절차를 건너뛸 수 있다.

세 번째 가능성은 무궁무진한 로봇 관련 산업의 등장이다. 현재는 잠재력을 정확하게 말할 수 없으나, 스마트공장이 대세가 되면 로봇의 수요는 크게 늘어나며, 제조업의 지형이 바뀔 것이다. 그러한 상황이 되면 지금은 예상할 수 없는 새로운 고용이 창출될 가능성이 높다.

향후 기술실업 문제를 해결하기 위해서는 현재 가지고 있는 기술과 인공지능 시대에 적합한 기술 간 기술 불일치를 해소시켜야 한다. 여기에 미래 대학의 역할이 있다. 지금까지 대학은 고등학교를 졸업한 젊은이들에게만 문호를 개방했다. 그러나 이제 대학은 여러 개의 문을 가지는 멀티도어 대학multi-door university으로 변신해야 한다.[319] 즉, 문이 여러 개여야 한다. 하나의 문은 예전 그대로 젊은이를 받아들이는 문이어야 한다. 그러나 다른 문들은 중년인 및 고령자를 받아들여 준전문가로 양성하는 문이어야 한다. 중년인과 고령자들은 체력이 약해졌고, 시력이 저하된 상태이다. 이처럼 상당수 사람들은 전문가로 양성하기 쉽지 않다. 더구나 이미 어떤 직장에 속해 있는 경우도 많으므로 학업에 집중하기도 어렵다. 따라서 이들은 준전문가를 목표로 양성할 필요가 있다. 부분이 아니라 전체적 관점에서 보아야 한다.

미주

프롤로그 우리는 인공지능 시대에 대비하고 있는가?

1 Sir John Hicks, *Causality in Economics*, Oxford University Press, 1980.

2 Chui, M., James Manyika, and Mehdi Miremadi, "Four Fundamentals of Workplace Automation," McKinsey 2015.

3 Frey and Osborne, *The Future of Employment : How Susceptible are Jobs to Computerisation*, Oxford University Press, 2013. ; 이민화, 「인공지능과 일자리의 미래」, 『국제노동브리프』, 한국노동연구원, 14권, 6호, 2016, pp.11～24.

4 페드로 도밍고스(강형진 역), 『마스터 알고리즘 : 머신러닝은 우리의 미래를 어떻게 바꾸는가』, 비즈니스북스, 2016, pp.170～177.

5 게리 마커스(김명남 역), 『마음이 태어나는 곳 : 몇 개의 유전자에서 어떻게 복잡한 인간정신이 태어나는가?』 해나무, 2007, p.163.

6 그러나 진화가 항상 한 방향으로만 움직이지는 않는다. 고래는 육지에 살다가 다시 물로 돌아간 경우라고 한다.

7 리처드 도킨스(홍영남 역), 『이기적 유전자』, 을유문화사, 2006, pp.172～173.

8 자크 아탈리(이효숙 역), 『호모노마드 : 유목하는 인간』, 웅진지식하우스, 2010, pp.54～67.

9 마쓰오 유타카(박기원 역), 『인공지능과 딥러닝』, 동아 엠앤비, 2016, p.150.

10 컴퓨터 내부에 있는 인공지능이 아무리 똑똑해진다고 하더라도, 고정된 상황에서 외부 환경을 탐색하는 데는 한계가 있다. 아무래도 몸체가 있어야 정보수집이 쉬울 것이다. 로드니 브룩스는 스스로 돌아다니면서 환경을 탐험할 능력이 없는 컴퓨터 프로그램 보다, 이동수단을 갖춘 로봇이 우월하다고 주장한다. 캐서린 헤일스(허진 역), 『우리는 어떻게 포스트 휴먼이 되었는가』, 열린책들, 2019, p.360.

11 퀴뇨는 야포를 운반하기 위해 증기기관 자동차를 만들었다. 당시 프랑스 육군이 사용하

던 야포를 운반하는 데 2마리 이상의 말과 십수 명의 포병이 필요했다. 퀴뇨의 증기기관 자동차는 성인 남성 4명을 태우고 시속 4킬로미터로 주행했다. 박병하, 자동차 기획 취재, 『모토야』, 2017.

12 혹자는 증기기관 자동차와 내연기관 자동차가 비슷한 데가 없다고 생각할지 모르나 실린더와 피스톤으로 에너지를 만들어 낸다는 점에서 사실 내부 구조는 거의 비슷하다.

13 유발 하라리(김명주 역), 『호모데우스 : 미래의 역사』, 김영사, 2017, p.45, p.86.

14 마틴 포드(이창희 역), 『로봇의 부상 : 인공지능의 진화와 미래의 실직 위협』, 세종서적, 2016, p.18, p.38.

15 저자들은 전문가 서비스 비용이 너무 높아서 전문가 시대가 끝날 거라고 말했다. "대부분의 사람들과 조직은 최상급 전문가 서비스 비용을 감당할 수 없다. …… 대부분의 선진국에서 의료 비용은 치솟고 학교는 한탄스러울 만큼 자원 부족에 시달리며, 중간급 변호사를 고용하는 비용은 다른 분야의 중간급 전문가마저도 감당하기 힘들 정도도. 소기업 소유자는 경영 컨설턴트, 세무 전문가, 회계사를 확보할 만한 자원이 없다." 리처드 서스킨드 · 대니얼 서스킨드(위대선 역), 『4차 산업혁명 시대 전문직의 미래』, 와이즈베리, 2017, pp.58~59.

16 닉 보스트롬(조성진 역), 『슈퍼인텔리전스 : 경로 위험 전략』, 까치, 2019, p.137.

17 에릭 브린욜프슨 · 앤드루 맥아피(이한음 역), 『제2의 기계 시대』, 청림출판, 2014, p.157.

18 토머스 데이븐포트(김진호 역), 『빅 데이터@워크』, 21세기북스, 2014, p.27.

19 토머스 데이븐포트 외(현대경제연구원 역), 인간을 닮은 정보시스템, 『IT경영전략』, 21세기북스, 2001, p.23.

20 피터 드러커(남상진 역), 『테크놀로지스트의 조건』, 청림출판, 2009, pp.44~45.

21 피터 드러커(이재규 역), 『Next Society』, 한국경제신문, 2002, p.121.

22 잰틀맨은 신사라고 번역하는데 영국의 산업혁명 당시 중요한 역할을 했던 영국의 젠트리(Gentry) 계층에서 기원된 용어이다.

23 마틴 포드(김대영 · 김태우 · 서창원 · 최종현 · 한성일 역), 『AI마인드』, 터닝포인트, 2019, p.215.

24 Human-Computer Interaction(HCI)라고 한다. 컴퓨터가 도입된 이래, 인간이 컴퓨터를 잘 활용하기 위해 컴퓨터 화면에 등장하는 웹사이트 디자인이 어떻게 구성되어야 인간이 정서적 친밀감을 가지게 되는지 연구하고 있다.

25 Human-Robot Joint Action이라고 한다. 인간이 로봇을 부리는 것이 아니라, 인간과 로봇이 공통의 목표를 달성하려면 인간과 로봇이 어떻게 연결되어야 하는지 연구하고 있다. Clodic, A., Pacherie, E., Alami, R., & Chatila, R, Key Elements for Human Robot Joint Action, *HAL-01947759*, Springer, 2018.

26 삼성경제연구소, 「늙어가는 중국 : 중국의 고령화가 한국경제에 미치는 영향」, 『SERI경제포커스』 제329호

27 수영 · 전성민, 『삶은 속도가 아니라 방향이다』. 루이앤휴잇, 2013.

제1장 인공지능과의 협업은 준비해야 하는가?

1. 직업의 미래와 인공지능과의 협업

28 교정 담당자, 대출 담당 직원, 사내 전화 교환수, 보험 설계사 등은 자동화에 취약한 직업으로 평가되고 있고, 기업 최고 경영자, 패션 디자이너, 사진 작가, 데이터베이스 운영자, 작가, 저자 등은 자동화가 어려운 직업으로 분류한다. 제리 카플란(신동숙 역), 『제리 카플란 인공지능의 미래』, 한스미디어, 2017, pp.218〜221.

29 마틴 포드(김대영 · 김태우 · 서창원 · 최종현 · 한성일 역), 『AI마인드』, 터닝포인트, 2019, pp.266〜267.

30 게리 마커스(김명남 역), 『마음이 태어나는 곳 : 몇 개의 유전자에서 어떻게 복잡한 인간정신이 태어나는가?』해나무, 2007.

31 나라 쥰(김희은 역), 『인공지능을 넘어서는 인간의 강점』, 프리렉, 2019, p.41.

32 찰스 핸디(강혜정 역), 『비이성의 시대 : 왜 새로운 게임에는 새로운 규칙이 필요한가』, 21세기북스, 2009, p.126, p.128.

33 크리스티안 윌마(배현 역), 『철도의 세계사 : 철도는 어떻게 세상을 바꾸어 놓았나』, 다시봄, 2019, p.122.

34 캐서린 헤일스(허진 역), 『우리는 어떻게 포스트 휴먼이 되었는가』, 열린책들, 2019.

35 브루노 라투르 외(홍성욱 엮음) 『인간 · 사물 · 동맹』, 이음, 2018, p.21.

36 이집트 무덤에서 고양이 미이라도 발견되었다고 한다. 오래전부터 동물들은 인간의 친구였다.

37 정용균, 「해상왕 장보고의 무역네트워크와 환태평양 무역네트워크 구축에 대한 탐색적

연구」, 『무역학회지』, 한국무역학회, 제37권 제5호, 2012, pp.193~229.

38 우리가 너무나 잘 아는 조선 시대 태종 이방원과 대신 정도전 간의 싸움은 바로 왕권과 신권이 부딪친 결과였다.

39 이대열, 『지능의 탄생』, 바다출판사, 2017, p.72.

40 마틴 린스트롬(이상근·장석훈 역), 『쇼핑학 : 우리는 왜 쇼핑하는가』, 세종서적, 2010, p.117.; 정용균, 「미국의 주택거래시장 동향과 통상정책의 향후 방향에 관한 연구 : 신경경제학의 관점을 중심으로」, 『통상정보연구』, 한국통상정보학회, 제12권 제3호, 2010, pp.267~288.

41 더구나 인간은 의인화 성향을 가지고 있다. 의인화란 조금이라도 사람과 유사한 특성을 가지는 사물을 만나면 사물을 마치 사람처럼 취급하는 뇌의 과민반응이다. 이대열, 『지능의 탄생』, 바다출판사, 2017, p.262. 그러나 최근에는 로봇의 의인화 논쟁에서 uncanny valley 문제가 있는 것으로 의인화에는 한계가 존재하고 있다는 것이 밝혀지고 있다.

42 대니얼 서스킨드(김정아 역), 『노동의 시대는 끝났다』, 와이즈베리, 2020, pp.143~146.

43 김진욱, 『4차 산업혁명과 스마트팩토리』, 지식과 감성, 2019, p.103.

44 대니얼 서스킨드(김정아 역), 『노동의 시대는 끝났다』, 와이즈베리, 2020, p.54.

45 마틴 포드(김대영·김태우·서창원·최종현·한성일 역), 『AI마인드』, 터닝포인트, 2019, p.153.

46 Gary Becker, *Human Capital ; A Theoretical and Empirical Analysis Special References to Education*, 3rd Edition, University of Chicago Press, 1993.

47 정용균, 「인공지능과의 협업에 대한 인간의 인식 : 대학생 집단과 40~50대 장년인 비교를 중심으로」, 『e-비즈니스연구』, 국제e-비즈니스학회, 제21권 제1호, 2020, 2월, pp.225~240.

48 연구에서는 얼리어답터, 지각수용자 거부자 등으로 나타냈다. 정용균, 「인공지능과의 협업에 대한 인간의 인식 : 대학생 집단과 40~50대 장년인 비교를 중심으로」, 『e-비즈니스연구』, 국제e-비즈니스학회, 제21권 제1호, 2020, 2월, pp.225~240.

2. 인공지능 시대의 주역 — 인간, 인공지능, 로봇

49 한때 인공지능 연구의 갈래 중에서 인공 신경망 연구는 한계점이 지적된 이후, 된서리

를 맞았다. 심지어 인공 신경망의 대가 제프리 힌튼이 작성한 논문은 인공 신경망을 연구했다고 해서 학술지에서 게재 거절을 당하기도 했다.

50 스튜어드 러셀 · 피터 노빅(류광 역), 『인공지능 : 현대적 접근방식』, 제3판, 제이펍, 2016 참조.

51 페이스북, 트위터, 카카오톡을 통해 수십억 명이 날마다 누군가와 이야기하고 있다. 새로운 비정형데이터가 만들어지고 있다.

52 사물이 사물과 연결되면, 텔레매틱스 기술을 통해 엄청난 양의 데이터가 생성될 것이다. 정용균, 「보험산업에서의 인공지능(AI) 도입에 대한 탐색적 연구 : 사례와 함의」, 『무역보험연구』, 2020, p.2.

53 스튜어드 러셀 · 피터 노빅(류광 역), 『인공지능 : 현대적 접근방식』, 제3판, 제이펍, 2016. ; 마쓰오 유타카(박기원 역), 『인공지능과 딥러닝』, 동아 앰앤비, 2016 참조.

54 생성적 대립 신경망 모형은 구조가 생성자 알고리즘과 판별자 알고리즘으로 구성되어 있다. 생성자 알고리즘은 일반적인 합성 신경망 모형과 마찬가지로, 데이터를 만들어 낸다. 이때 생성자 알고리즘은 진짜와 구별이 어려울 정도의 데이터를 생성하는 것이 목표이다. 판별자 알고리즘의 임무는 생성자 알고리즘이 생성한 데이터가 진짜인지 가짜인지 검사를 하는 것이다. 만약 생성된 데이터가 진짜와 거의 구별할 수 없을 정도가 되면 판별자 알고리즘의 역할은 종료한다. 램브란트 풍의 그림은 생성적 대립 신경망 모형을 사용해 그린 것이다. 이안 굿펠로우, 요슈아 벤지오, 에런 쿠빌(류광 역), 『심층학습』, 제이펍, 2018, p.779.

55 마틴 포드(김대영 · 김태우 · 서창원 · 최종현 · 한성일 역), 『AI마인드』, 터닝포인트, 2019, p.130.

56 레이 커즈와일(김명남 · 장시형 역), 『특이점이 온다』, 김영사, 2013.

57 인간의 심박수, 혈압 맥박수를 측정하는 기기들을 의미한다. 더 나아가서는 몸에 부착하는 단계를 넘어서 몸속에 이식할지도 모른다.

58 마틴 포드(김대영 · 김태우 · 서창원 · 최종현 · 한성일 역), 『AI마인드』, 터닝포인트, 2019, pp.418~425. 삽화는 신시아 브리지엘의 논문에 나오는 키스멧과 인간의 상호 작용 사진을 재해석하여 그린 것이다.

59 사이버네틱스 이론의 창시자 노버트 위너는 "인간은 특별한 기계"라고 말하듯이 기계라는 관점에서 인간을 바라보았다. 그는 1950년에 이미 현대 다층 신경망 모델의 핵심인 역전파와 유사한 개념을 제시했으며, 학습에 관한 개념도 아울러 제시했다. "피드백

은 어떤 시스템의 과거 실행 결과를 다시 그 시스템에 집어넣음으로써 그 시스템을 통제하는 방법이다. …… 만약 실행 결과로부터 되돌아 진행되는 정보가 실행의 일반적인 방법과 패턴을 변경할 수 있다면 이는 학습이라고 부를 만하다." 이와 아울러, "스위치를 열고 닫고, 발전기를 작동시키고 수문 안의 물의 흐름을 통제하고, 터빈을 켜거나 끄는 실제 작동들도 언어로 간주할 수 있다"고 보았다. 노버트 위너(이희은·김재영 역), 『인간의 인간적 활용』, 텍스트, 2011.

60 로드니 브룩스(박우석 역), 『로드니 브룩스의 로봇 만들기』, 바다출판사, 2005, p.87.

61 알바 노에(김미선 역), 『뇌 과학의 함정』, 갤리온, 2009, pp.27~55. 이러한 관점은 사이버네틱스 후기 이론가인 움베르토 마투라나와 프란시스코 바렐라의 이론과 연결된다. 이들은 관찰자와 관찰 대상이 분리될 수 없다고 주장한다. "모든 생명체에 있어서 현실은 오로지 유기체 자신의 조직화에 의해서 결정되는 상호작용과정을 통해서만 존재한다. …… 살아 있는 유기체는 생명을 유지하기 위하여 환경과 구조적인 짝짓기를 해야 한다." 결국 마투라나와 바렐라는 '유기체 독자적인 인식'이란 개념의 타당성에 의문을 제기했다. 바렐라는 『몸의 인지과학』에서 '몸과 마음이 함께하는 반성'이라는 개념을 제시하면서 몸과 마음의 이분법에서 벗어났다. 케서린 헤일스(허진 역), 『우리는 어떻게 포스트휴먼이 되었는가』, 열린책들, 2019, p.249, p.267. ; 프란시스코 바렐라 외(석봉래 역), 『몸의 인지과학』, 김영사, 2019, p.67. 이처럼 유기체가 환경과 밀접하게 상호작용한다면, 유기체의 기관도 환경을 세밀하게 파악하도록 설계되어야 한다. 이러한 견해는 영장류의 눈 구조에서 근거를 찾아볼 수 있다. 인간을 비롯한 영장류의 눈은 환경과 상호 작용하기 위하여 매우 정교하고 복잡하게 설계되어 있다. 예를 들어 짧은 꼬리 원숭이의 경우 뇌의 절반이 시각에 관여한다. 그만큼 눈은 단순한 카메라가 아니다. 스티븐 핑커(김한영 역), 『마음은 어떻게 작동하는가』, 동녘사이언스, 2008, p.304.

62 길버트 라일(이한우 역), 『마음의 개념』, 문예출판사, 1994, pp.15~25.

63 두뇌에서 모든 정보처리를 관장하기보다는 신경계가 더 중요한 역할을 한다는 관점도 존재한다. 즉, 신경계가 먼저 발생하고 나중에 신경계 혼자서 모든 정보처리를 다할 수 없으므로 두뇌가 만들어졌다는 관점도 있다. 두뇌 내부에서도 상호 협력적으로 움직인다는 견해도 있다. 프란시스코 바렐라 외, 『몸의 인지과학』, 김영사, 2019, pp.162~163.

64 다마지오라는 신경전문 의사는 감정 부위를 관장한다고 알려진 뇌 부위가 고장이 난 환자의 경우, 일상생활 자체가 어렵다고 보고했다. 안토니오 다마지오(임지원 역), 『스

피노자의 뇌』, 사이언스북스, 2009, pp.170~180.

65 한스 게오르크 호이젤(배진아 역), 『뇌, 욕망의 비밀을 풀다』, 흐름 출판, 2009. 정용균, 「인터넷 쇼핑몰에서의 주관적 신뢰와 객관적 신뢰의 결정요인에 대한 연구」, 『e-비즈니스연구』, 국제e-비즈니스학회, 제10권 제1호, 2009, pp.105~131.

66 마틴 린스트롬(이상근·장석훈 역), 『쇼핑학 : 우리는 왜 쇼핑하는가』, 세종서적, 2010, pp.83~85.

67 천현득, 「인공지능은 감정을 가질 수 있을까?」 ; 이종원 외, 『인공지능의 존재론』, 한울, 2018, p.168.

68 앤디 클락(신상규 역), 『내추럴-본 사이보그 : 마음, 기술, 그리고 인간 지능의 미래』, 아카넷, 2015.

69 이대열, 『지능의 탄생』, 바다출판사, 2017, p.289.

70 정용균, 「보험산업에서의 인공지능(AI) 도입에 대한 탐색적 연구 : 사례와 함의」, 『무역보험연구』, 무역금융보험학회, 제21권 제1호, 2020, p.2.

71 일본의 로봇공학자가 처음 이론을 제시한 이래 현재 많은 학자들이 이를 연구하고 있다.

72 자율주행 승용차 못지않게 기업 입장에서 중요한 운송수단은 자율주행 트럭이 될 것이다. 물류에 혁신을 가져올 것이기 때문이다. 자율주행 트럭은 블록트레인과 같이 여러 대의 트럭을 바싹 붙여서 주행할 수 있다. 따라서 기차를 통한 운송과 같이 대량 운송이 가능하다. 그러므로 자율주행 트럭은 경제성을 확보할 수 있다.

73 이중기, 「인공지능을 가진 로봇의 법적 책임 : 자율주행자동차 사고의 법적 인식과 책임을 중심으로」, 『홍익법학』 제17권 제3호, 2016, pp.1~27.

3. 인공지능 시대의 협업 전략

74 로버트 액설로드(이경식 역), 『협력의 진화 : 이기적 개인의 팃포탯 전략』, 마루벌, 2009.

75 베르너 하이젠베르크, 『부분과 전체』, 서커스출판상회, 2016.

76 G. C. Archibald, Armen A. Alchian, and Edmund Phelps(ed), *The Microeconomic Foundations of Employment and Inflation Theory*, Norton, New York, 1970.

77 클라우스 슈밥, 『클라우스 슈밥의 제4차 산업혁명』, 새로운 현재, 2016.

78 여자들은 농업의 창시자였고 남자들은 가축을 길렀다. 제러미 리프킨, 『공감의 시대』, 민음사, 2014, p.239.

79 농업 시대 1만 년 동안 이는 명확한 사실로 나타나고 있다. 그러나 항상 좋은 것만 있는 것은 아니다. 농경 사회와 산업 사회를 휩쓴 천연두, 홍역, 결핵 등 대부분의 전염병은 가축이 된 동물에서 옮아 왔다. 유발 하라리(조현욱 역), 『사피엔스』, 김영사, 2015, p.86.

80 오늘날 독일어에 원천이라는 단어는 Ursprung인데 여기서 우르(Ur)가 고대도시 우르였을 것이다.

81 현대 공장의 모형은 노동의 분업을 기초로 한다. 아담 스미스는 『국부론』에서 바늘을 만드는 공정을 묘사한다. 혼자서 바늘의 전체 공정을 다 만들기보다는 공정을 나누어서 한 사람이 하나의 공정에만 집중한다면 전체적으로 생산량은 크게 늘어날 것이라며, 노동의 분업을 주장했다.

82 무어의 법칙은 많이 회자되고 있는 컴퓨터 성능 발전에 대한 경험적 법칙이다. 2년마다 컴퓨터칩의 성능이 배가 된다는 법칙이다.

83 윌리엄 무가야(박지훈 · 류희원 역), 『비즈니스 블록체인』, 한빛미디어, 2017.

84 토머스 데븐포트 · 줄리아 커비(강미경 역), 『AI시대 인간과 일』, 김영사, 2017.

85 조나선 헤이트도 코끼리를 활용하여 코끼리와 기수로 본능과 이성의 관계를 비유했다. 조나선 헤이트(권오열 역), 『행복의 가설』, 물푸레, 2015. 본 절의 코끼리 삽화는 N.N. 보라, 사뱌사찌 바따짜랴(백좌흠 · 신진영 · 김영진 역), 『인도 100년을 돌아보다』, 서해문집(2015)의 책표지 삽화를 재해석해서 그린 것임.

86 John Maynard Keynes, *The General Theory of Employment, Interest and Money*, Macmillan & Co. Ltd, 1964.

87 선도자 전략은 큰 그림을 그린다는 점에서 데이븐포트 교수의 '위로 올라서기' 전략과 공통점이 있다. 그러나 선도자는 과학기술 패러다임 전체의 관점에서, 초장기적으로 인공지능 시대를 바라본다는 점에서 '위로 올라서기' 전략과 차이가 있다. 토머스 데븐포트 · 줄리아 커비(강미경 역), 『AI 시대, 인간과 일』, 김영사, 2017, p.154 참조.

88 독립자 전략은 인공지능과는 다른 사업을 구상한다는 점에서 데이븐포트 교수의 '옆으로 비켜서기' 전략과 공통점이 있다. 그러나 '옆으로 비켜서기' 전략이 인공지능이 잠식하지 않은 분야를 수동적으로 모색하는 데 비해서 독립자 전략은 설계 단계부터 적극적으로 인공지능 분야와는 별도의 새 영역을 개발한다. 토머스 데븐포트 · 줄리아 커

비(강미경 역), 『AI 시대, 인간과 일』, 김영사, 2017, p.168 참조.

89 니체, 『인간적인 너무나 인간적인 I』, 니체전집 7, 책세상, 2013, pp.173~174.

90 마이클 로이젠 · 메멧 오즈(유태우 역), 『내몸 젊게 만들기』, 김영사, 2009, p.70.

91 융합자 전략은 인공지능과 협업한다는 점에서 데이븐포트 교수의 '안으로 파고들기' 전략과 공통점이 있다. '안으로 파고들기' 전략을 구사하는 사람은 스마트 기기에 친숙한 사람이라고 정의되어 있다는 점에서 인공지능의 보조적 역할도 마다하지 않는다. 그러나 융합자 위치에 서는 사람은 독자적 전문 지식을 가지고 전체 업무를 분장하여 인공지능과 협업한다는 점에서 '안으로 파고들기' 전략과 차이가 있다. 예를 들어 전체 변호사무실을 운영하는 데 인간 변호사는 고객과 상담에 치중하고, 인공지능은 판례 검색 등 자료 조사에 특화한다. 토머스 데븐포트 · 줄리아 커비(강미경 역), 『AI 시대, 인간과 일』, 김영사, 2017, p.211 참조.

92 사이버 물리 시스템은 인간과 기계가 사이버 공간을 통해 밀접하게 연결된 시스템이다. 알라스데어 길크리스트(정사범 역), 『산업인터넷(IIOT)과 함께하는 인더스트리 4.0』, 에이콘출판주식회사, 2017, p.73.

93 인공지능 이주민은 마치 외국에 이민 간 것처럼, 디지털 시대로 이민 온 사람들 기성세대를 의미한다.

94 인간의 피부와 촉감 면에서 거의 닮은 로봇 외피를 만들기 위해서 다양한 플라스틱 연구가 진행될 것이다.

제2장 인공지능과의 협업은 얼마나 진행되고 있는가?

1. 서비스업에서의 인공지능 협업

95 1차 산업이란 농업, 임업, 축산업이고, 2차 산업은 제조업과 광업이다. 3차 산업은 서비스업이다.

96 정용균, 「보험산업에서의 인공지능(AI) 도입에 대한 탐색적 연구 : 사례와 함의」, 『무역보험연구』, 무역금융보험학회, 제21권 제1호, 2020, p.2.

97 Husnjak, S. Perkavic, D, Forenbacher, I, and M. Mumdziev, "Telematics System in Usage Based Motor Insurance," *Procedia Engineering*, 100, 2015, p.821.

98 정용균, 「보험산업에서의 인공지능(AI) 도입에 대한 탐색적 연구 : 사례와 함의」, 『무

역보험연구」, 무역금융보험학회, 제21권 제1호, 2020, p.2.

99 박지영, 「자본시장 핀테크 핵심으로 부상하는 로보어드바이저」, 『주간기술동향』, 정 보통신기술진흥센터, 2015. p.10.

100 인간 전문가와 비교할 때, 인공지능 전문가 시스템의 가장 큰 장점은 편리함으로 나타 났다. Mesbah, N. Olt, C. Tauchert, C. and Buxmann, "Promoting Trust in AI-Based Expert Systems," Twenty-fifth Americas Conference on Information Systems, Cancun, 2019, p.1.

101 Maier M. Carlotto, H. Sanchez, F. Balogun, S., and Merritt, S., "Transforming Underwriting in the Life Insurance Industry," *Thirty-first AAAI Conference on Innovative Application of Artificial Intelligence*, 2019, p.9380.

102 챗봇은 미래 파괴력이 있는 기술이다. 인공지능과 인간이 원격으로도 상호 작용하기 위해서는 이 기술이 필수적이기 때문이다. 단지 보험 산업에만 활용되는 것이 아니라 여러 산업 분야에서 골고루 응용될 가능성이 크다고 하겠다.

103 Luciani, T., Distasio, B., Bungert J. Sumner M, and Bozzo, T. "Use of Drones to Assist with Insurance Financial and Underwriting Related Activities," United Patent Application Publication, US 2016/00636 42 A1, 2016.

104 로드니 브룩스 교수는 곤충을 닮은 로봇을 개발했다. 전형적 사례로는 로봇 징기스를 들 수 있다. 이 곤충형 로봇은 다리가 6개여서 거친 지형에서도 쓰러지지 않았다. 로 드니 브룩스(박우석 역), 『로봇 만들기』, 바다출판사, 2005, pp.86~95.

105 빅토르 마이어 쇤버거 · 케네스 쿠키어(이지연 역), 『빅 데이터가 만드는 세상』, 21세기 북스, 2013, pp.65~93.

106 정용균 · 정진근, 「빅데이터시대의 공정이용법리」, 『산업재산권』, 한국산업재산권학회, 제43호, 2014, pp.155~195.

107 정용균, 「보험산업에서의 인공지능(AI) 도입에 대한 탐색적 연구 : 사례와 함의」, 『무 역보험연구』, 무역금융보험학회, 제21권 제1호, 2020, p.21.

108 알도스 헉슬리, 『훌륭한 신세계』, 금성출판사, 1988.

109 리처드 왓슨(김원호 역), 『퓨처파일』, 청림출판, 2009, p.72.

110 삼성경제연구소, 「늙어가는 중국 : 중국의 고령화가 한국경제에 미치는 영향」, 『SERI 경제포커스』 제329호.

111 우예진, 「싱가포르 최첨단 인간형 로봇 '나딘', 사람과의 공생 모색」, 『베타뉴스』,

2016.1.28.

112 강윤화, 「일본노약자 간호로봇 '로베어'」, 『일요신문』, 제190호, 2015.3.4. 로베어 로봇 그림은 동 기사에 나온 사진을 재해석해서 그린 그림임.

113 장길수, 「심리치료로봇 '파로' 미국 메디케어 적용대상에 포함」, 『로봇신문』, 2018. 11.05. 기사.

114 김윤경, 「로봇 저널리즘의 국내외 사례와 전망」, 『신문과 방송』, 한국언론진흥재단, 2015년 5월호.

115 케이(커넥팅랩), 「데이터기반의 객관적인 저널리즘 미래, 로봇저널리즘」, SKT INSIGHT, 2018.7.27.

116 금준경, 「로봇저널리즘? 사람들 안 보는 기사 만들고 있다」, 『미디어오늘』, 2017.7.14.

117 강정수, 「로봇 저널리즘 (상) : 로봇은 지식을 생산할 수 있을까」, 『슬로우뉴스』, 2014.6.18.

118 윤인아, 홍보협력TF팀 기획평가단, 로봇저널리즘의 이해와 전망, 『이슈리포트』 2018-제18호, 정보통신산업진흥원, p.5.

119 윤인아, 홍보협력TF팀 기획평가단, 로봇저널리즘의 이해와 전망, 『이슈리포트』 2018-제18호, 정보통신산업진흥원, p.5.

120 윤인아, 홍보협력TF팀 기획평가단, 로봇저널리즘의 이해와 전망, 『이슈리포트』 2018-제18호, 정보통신산업진흥원, p.5.

121 이효성, 「4차 산업혁명과 언론의 미래」, 2018 세계기자대회, 서울 2018.3.5.

122 윤인아, 홍보협력TF팀 기획평가단, 로봇저널리즘의 이해와 전망, 『이슈리포트』 2018-제18호, 정보통신산업진흥원, p.5.

123 금준경, 「로봇저널리즘? 사람들 안 보는 기사 만들고 있다」, 『미디어오늘』, 2017.7.14.

124 최윤섭, 『의료인공지능』, 클라우드나인, 2019, p.151.

125 나준호, 「인공지능의 발전과 고용의 미래」, *Future Horizon 28*, 과학기술정책연구원, 2016, pp.15.

126 전문의 여덟 명에 견주어도 가장 뛰어난 두 명 실력에 육박했으며 나머지 여섯 명의 의사를 오진율 면에서 능가했다. 대니얼 서스킨드(김정아 역), 『노동의 시대는 끝났다』, 와이즈베리, 2020, p.119.

127 대니얼 서스킨드(김정아 역), 『노동의 시대는 끝났다』, 와이즈베리, 2020, p.119.

128 최윤섭, 『의료인공지능』, 클라우드나인, 2019, p.151.

129 이 가이드라인은 나이, 콜레스테롤 수치, 혈압, 흡연, 당뇨병 등의 여덟 가지 위험 요

소에 기반을 두고 있다.

130 최윤섭, 『의료인공지능』, 클라우드나인, 2019, pp.157~160.

131 최윤섭, 『의료인공지능』, 클라우드나인, 2019, pp.154~155.

132 설민수, 「머신러닝 인공지능과 인간전문직의 협업의 의미와 법적 쟁점 : 의사의 과실 책임을 사례로」, 『저스티스』, 2017, 통권 제163호, 한국법학원, pp.269~279.

133 예측부호화라고 불리는 기술을 활용하면 정신이 멍해질 정도로 힘든 일을 인공지능이 인간보다 훨씬 빠르게 열심히 정확하게 수행할 수 있다. 우선 변호사가 전체 내용의 특성을 대표할 만한 문서를 골라서 예시로 검토한다. 그 뒤에 기계 학습 프로그램이 변호사가 수행한 일과 최대한 일치하는 영역을 확인한다. 그 영역에는 단순히 동일한 구문을 찾는 것도 있지만 문서, 문맥, 관계자들에 대한 고차원적인 의미를 해석한 내용도 포함된다. 그러면 그렇게 학습된 프로그램이 문서의 나머지 부분을 처리해서 새로운 문서를 취합해 낸다. 다음으로 그 문서를 변호사들이 재검토한다.

134 제리 카플란, 『인공지능의 미래』, 한스미디어, 2017, p.167.

135 카카오 AI 리포트 편집진, 『KAKAO AI REPORT』, 북바이북, 2018, p.353.

136 대니얼 서스킨드(김정아 역), 『노동의 시대는 끝났다』, 와이즈베리, 2020, p.118.

137 대니얼 서스킨드(김정아 역), 『노동의 시대는 끝났다』, 와이즈베리, 2020, p.118.

138 Yongkyun Chung, Artificial Intelligence and the Virtual Multi-Door ODR Platform for Small Value Cross-Border e-Commerce Disputes, *Journal of Arbitration Studies*, Vol.29, No.3, 2019, pp.99~119.

139 Schwab, H. William, Collaborative Lawyering : A Closer Look At an Emerging Practice, *Pepperdine Dispute Resolution Journal*, Vol.4, No.3, 2004, p.355.

140 즉, 안벽 장비와 이송 장비의 연계 작업, 컨테이너 이송, 이송 장비와 야드 장비의 연계 작업, 야드 적재 인출 작업 등이 모두 무인으로 수행되고 있다. 그러나 자동화 장비와 유인 장비 사이에 연계 작업이 이루어지는 곳은 원격 조정으로 작업을 수행한다. 예를 들어 외부에서 운전자가 탑승한 컨테이너 적재 차량이 터미널로 들어올 경우, 터미널의 중앙통제센터에서 원격 조정으로 컨테이너를 싣고 내린다. 최상희, 「미래를 선도하는 스마트 항만물류기술」, 『전자공학회지』, 39권 제5호, 2012, p.393.

141 롱비치 무인자동화터미널의 안벽 길이는 1,295미터이며 72대의 ASC, 70대의 AGV를 갖추고 있다.

142 ZIM시카고호는 칭다오항에 입항해 당일 새벽 12시에 하역 작업을 시작해 오전 9시 25

분에 모든 선적화물을 하역했는데 그동안 모두 1,785개 컨테이너를 하역할 만큼 작업효율이 뛰어나다. 정용균, 「제4차 산업혁명 시대의 국제운송물류론」, 율곡출판사, 2019, p.111.

143 양산항 4단계 자동화 터미널은 양산도에 공동 개발한 항만으로 전체 면적이 220만 평방미터이고 평균 수심은 11미터이다. 완전 무인 자동화 컨테이너 터미널이다. 총 길이는 2,350미터이며, 7개의 선석을 보유하고 있다. 이중에서 2개의 선석은 7만 톤급 컨테이너 선박용이며, 5곳은 5만 톤급 선박이 접안 가능하다.

144 정화룡 · 장현준 · 송영은, 「대형무인선박의 자율운항 기술 개발동향」, 「제어로봇시스템학회논문지」, 제25권 제1호, 2019, pp.76~87.

145 정화룡 · 장현준 · 송영은, 「대형무인선박의 자율운항 기술 개발동향」, 「제어로봇시스템학회논문지」, 제25권 제1호, 2019, pp.76~87.

146 자율운항선박의 자동항로 생성 및 추종 기술은 자율운항선박의 필수 기술이다. 기존의 최적항로 생성 기술은 가능한 여러 후보항로들을 생성한 뒤에 연료 소비가 가장 적은 항로를 찾는 방식으로 최적의 경제 항로를 생성한다. 자동 접안 기술 무인선박은 항해사의 도움 없이 항구 부두에 접안을 하고 이안을 해야 한다. 또 하나 필수 기술로 선박 육상 간 통신 기술이 있다. 무인선박을 원격 제어하기 위해서는 육상관제센터와 선박 사이에 원활한 통신망이 필수적이기 때문이다. 사이버 보안 기술 역시 필요한 기술 중 하나이다. 무인선박은 위성 통신을 통해 선내 시스템에 접근이 가능하기 때문에 외부의 사이버 공격에 대비하기 위한 사이버 보안 기술이 필요하다. 정화룡 · 장현준 · 송영은 「대형무인선박의 자율운항 기술 개발동향」, 「제어로봇시스템학회논문지」, 제25권 제1호, 2019, pp.76~87.

2. 제조업에서의 인공지능 협업

147 나비 라드주 · 제이딥 프라부 · 시몬 아후자(홍성욱 역), 「주가드 이노베이션」, mindful books, 2016.; 정용균, 「인도 주가드이노베이션(Jugaad Innovation : 제품개발과 글로벌 확산가능성에 대한 탐색적 연구」, 「남아시아연구」, 한국외국어대학교 인도연구소, 제25권 제2호, 2019, pp.153~184.

148 정용균, 「신흥시장에서의 리버스이노베이션 : 혁신확산모형과 중국시장사례연구」, 「한중사회과학연구」, 한중사회과학학회, 제18권 제1호, 2020, pp.171~198.

149 비제이 고빈다라잔·크리스 트림블(이은경 역), 『리버스 이노베이션』, 도서출판 정혜, 2013.

150 비제이 고빈다라잔·크리스 트림블(이은경 역), 『리버스 이노베이션』, 도서출판 정혜, 2013, p.57.

151 게리 하멜·C.K. 프라할라드(김소희 역), 『시대를 앞서는 미래 경쟁 전략』, 21세기북스, 2011, p.64, pp.301~318.

152 왜냐하면 미국, 유럽의 인건비는 매우 비싸서 본국에서 생산한다면 신발 가격이 너무 비싸져서 다른 회사와 경쟁이 안 되기 때문이다. 현재 애플의 아이폰도 마찬가지이다. 애플의 본사는 미국에 있지만 정작 생산은 대만 계열 팍스콘 회사의 중국공장에서 생산하고 있다.

153 KOTRA, 「글로벌 로봇산업 시장동향 및 진출방안」, Global Market Report 18-007, 2018, p.37.

154 KOTRA, 「글로벌 로봇산업 시장동향 및 진출방안」, Global Market Report 18-007, 2018, p.20.

155 KOTRA, 「글로벌 로봇산업 시장동향 및 진출방안」, Global Market Report 18-007, 2018, p.35.

156 방글라데시의 임금은 중국의 5분의 1, 인도의 3분의 1 수준으로 알려져 있으며, 이는 베트남과 캄보디아 임금의 절반 수준에 불과하다. 한인수·엄금화, 「방글라데시의 봉제업 : 희망에로의 험로」, 『아시아리뷰』, 서울대학교 아시아연구소, 제6권 제1호, 2016, p.48.

157 대니얼 서스킨드(김정아 역), 『노동의 시대는 끝났다』, 와이즈베리, 2020, p.142. ; 찰스 핸디(강혜정 역), 『비이성의 시대 : 왜 새로운 게임에는 새로운 규칙이 필요한가』, 21세기북스, 2009, pp.66~67. 찰스 핸디는 인공지능 시대가 오기도 전에 미래 세대의 노동시간이 크게 감소했음을 지적했다.

158 정용균, 「베트남의 분쟁해결문화와 비즈니스협상전략, 지역연구방법론을 중심으로」, 『통상정보연구』, 한국통상정보학회, 제18권 제4호, 2016, pp.221~262.

159 정용균, 「방글라데시의 분쟁해결문화와 제도」, 『중재연구』, 한국중재학회, 제30권 제1호, 2020, pp.139~160.

160 베트남, 방글라데시에서는 현지 근로자들의 스트라이크가 빈번히 발생하고 있다. 정용균, 「베트남의 분쟁해결문화와 비즈니스협상전략, 지역연구방법론을 중심으로」, 『통

상정보연구」, 한국통상정보학회, 제18권 제4호, 2016, pp.221~262.

161 learning by doing effect라는 용어가 이를 반영한다. 처음에는 몰랐지만 일을 하다 보면 저절로 학습하게 된다. 그리고 선진국과 개발도상국이 접촉하는 순간부터 상호 작용이 일어난다. 천년 전 당시 고부가 가치 첨단 제품이었던 도자기 제조 역사를 보면, 처음에는 중국에서만 제조되었다가 점차 다른 국가로 기술이 확산됨을 알 수 있다. 동남아시아 도자기 제조역사를 보면, 처음 동남아 국가들은 중국의 도자기를 다른 나라에 중계무역을 하는 단계에 있었다. 그러다가 동남아 국가들은 직접 도자기를 제작하기 시작했다. 당시 동남아시아 제작 도자기는 완성도 면에서 중국 도자기보다는 떨어졌으나 상당히 거래가 이루어진 것으로 나타나고 있다. 강봉룡 교수는 우리의 도자기 제작 기술도 신라 말기에, 중국에서 신라로 기술 이전이 있었다는 가설을 제시했다. 신라 말 해상왕 장보고는 처음 당나라에서 도자기를 구입한 다음 이 도자기를 일본 정부에 수출했다. 그러나 나중 동남아 국가들처럼 국내에 생산기지를 만들고 직접 제조했을 가능성도 농후하다. 고려 시대 고려청자 본 고장은 전남 강진이었다. 강진은 장보고의 무역기지가 있던 청해진 완도에서 가깝다. 강봉룡, 「한국사의 미아 해상왕 장보고의 진실 : 장보고」, 한얼미디어, 2007. ; 정용균, 「해상왕 장보고의 무역네트워크와 환태평양 무역네트워크 구축에 대한 탐색적 연구」, 「무역학회지」, 한국무역학회, 제37권 제5호, 2012, p.215.

162 이러한 일은 예전에도 있었다. 예전 영국의 섬유 산업이 세계를 호령하던 시절, 후발 국가였던 독일은 리스트를 중심으로 보호무역을 주장한 바 있다.

163 대니얼 서스킨드(김정아 역), 「노동의 시대는 끝났다」, 와이즈베리, 2020, p.151.

164 정용균ㆍ이계열ㆍ김홍률, 「중소기업의 FTA활용과 사후검증에 대한 사례연구 : 경기 강원 부산지역 기업을 중심으로」, 「관세학회지」, 한국관세학회, 제20권 제3호, 2019, 141~159.

165 안덕근ㆍ김민정, 「국제통상체제와 무역기술장벽」, 최근 2008~2017년 사이 무역기술장벽 문제가 늘어나고 있다. 박영사, 2018.

166 마이클 포터(김경묵ㆍ김연성 역), 「마이클 포터의 경쟁론」, 세종연구원, 2001.

167 1960년대 유전자가위 기술이 산업에 응용되면서 바이오 산업은 크게 성장하고 있다. J. 크레이그 벤터(김명주 역), 「인공생명의 탄생」, 바다출판사, 2018, pp.57~58.

168 이승협, 「4차 산업혁명과 노동의 변화」, Future Horizon, 과학기술정책연구원, 2017.

169 사이버 물리 시스템이란 공장에서 데이터가 생산되면 이를 클라우드 컴퓨팅 기술로

모은 다음, 인공지능으로 분석해 다시 공장에서 기계를 제어하는 개념이다.

170 유연생산 공장을 연구하는 연구에서는 인더스트리 4.0의 핵심을 인간과 기계의 협업 과정으로 보고 있다.

171 이승협, 「4차 산업혁명과 노동의 변화」, *Future Horizon*, 과학기술정책연구원, 33호, 2017, p.18.

172 김진욱, 『4차 산업혁명과 스마트팩토리』, 지식과 감성, 2019, p.84.

173 김진욱, 『4차 산업혁명과 스마트팩토리』, 지식과 감성, 2019, p.86.

174 김진욱, 『4차 산업혁명과 스마트팩토리』, 지식과 감성, 2019, p.87.

175 김진욱, 『4차 산업혁명과 스마트팩토리』, 지식과 감성, 2019, p.88.

176 KOTRA, 「글로벌 로봇산업 시장동향 및 진출방안」, Global Market Report 18-007, 2018, p.60.

177 KOTRA, 「글로벌 로봇산업 시장동향 및 진출방안」, Global Market Report 18-007, 2018, p.46.

178 이승훈, "최근 인공지능 개발 트렌드와 미래의 진화방안", LG경제연구원, 2017, p.19.

3. 농업에서의 인공지능 협업

179 이주량, 「농가인구 급감… 대농으로 가려면 스마트 농업이 '답'」, 『한국일보』, 2019. 12.6.

180 서윤정, 「한국의 스마트농업 현황과 주요 과제」, 『세계농업』 제185호, 2016. p.1.

181 이주량, 「농가인구 급감… 대농으로 가려면 스마트 농업이 '답'」, 『한국일보』, 2019. 12.6

182 남재작, 「스마트팜의 미래 : 가능성과 한계」, 『농업농촌의 길 2018』, GS&J 인 스티 투트

183 서윤정, 「한국의 스마트농업 현황과 주요 과제」, 『세계농업』 제185호, 2016. p.2.

184 아시아의 상당수 강들은 티벳이나 히말라야 산맥의 빙하가 그 수원이다. 지구 온난화 로 빙하가 녹기 시작하면, 강물은 줄어들 것이다.

185 정용균·이계열·김홍률, 「중소기업의 FTA활용과 사후검증에 대한 사례연구 : 경기 강원 부산지역 기업을 중심으로」, 『관세학회지』, 한국관세학회, 제20권 제3호, 2019, pp.141～159.

186 AgriTech라는 용어이다. 이는 농업과 기술의 합성어이다.

187 장필성, 「4차 산업혁명의 기술적 특징과 농업 적용 기술」, 『세계농업』 제200호, 2017, p.11.

188 장필성, 「4차 산업혁명의 기술적 특징과 농업 적용 기술」, 『세계농업』 제200호, 2017, p.9.

189 장필성, 「4차 산업혁명의 기술적 특징과 농업 적용 기술」, 『세계농업』 제200호, 2017, p.11.

190 장필성, 「4차 산업혁명의 기술적 특징과 농업 적용 기술」, 『세계농업』 제200호, 2017, p.15.

191 여현, 「해외 농업 빅데이터 활용 현황」, 『세계농업』, 2019, pp.4~5.

192 여현, 「해외 농업 빅데이터 활용 현황」, 『세계농업』, 2019, p.6.

193 장영주·김태우, 「스마트팜 확산 보급사업 현황과 과제 : 농업분야 ICT융복합사업을 중심으로」, 국회입법조사처, 2019.12, p.8.

194 최덕수, 「농업의 혁신 스마트팜 해외 사례와 국내문제 점검」, 『앱스토리』, 2018.9.20.

195 삼정, 「스마트농업 다시 그리는 가치사슬」, *Issue Monitor*, 제119호, 2019. p.21.

196 WAGRI는 다음과 같은 3가지의 기능을 갖는다. 첫째, 데이터의 연계 기능이다. 벤더나 회사의 영역을 넘어서 농기계 및 센서 등의 데이터 연계가 가능하다. 둘째, 데이터의 공유 기능이다. 일정의 규정하에서 데이터의 공유가 가능하며, 이를 활용해 데이터의 비교나 생산성의 향상으로 이어지는 서비스의 제공도 이루어질 수 있다. 셋째, 데이터의 제공 기능이다. 토양, 기상, 유통 등의 다양한 데이터를 정비하고 농가에 도움을 주는 정보를 제공한다.

197 이예진, 「[스마트팜] AI·빅데이터·블록체인·드론으로 선진화...중국 농업 굴기」, 『포쓰저널』, 2018.5.8.

198 김은주, 「'스마트농업' 통해 농업굴기 꿈꾸는 중국」, 『뉴스핌』, 2019.9.18.

199 삼정, 「스마트농업 다시 그리는 농업의 가치사슬」, *Issue Monitor*, 제119호, 2019. p.23.

200 이예진, 「[스마트팜] AI·빅데이터·블록체인·드론으로 선진화...중국 농업 굴기」, 『포쓰저널』, 2018.5.8.

201 김명주, 「中 전통 농장의 변신… '농업 + IT' 스마트팜 확산」, KBS NEWS, 2019.11.29.

202 이현정, 「4차 산업혁명과 농업의 미래 : 스마트팜과 공유경제」, 『세계농업』 제200호, 2017, p.17.

203 장영주·김태우, 「스마트팜 확산 보급사업 현황과 과제 : 농업분야 ICT융복합사업을 중심으로」, 국회입법조사처, 2019.12, p.10.

204 삼정, 「스마트농업 다시 그리는 농업의 가치사슬」, *Issue Monitor*, 제119호, 2019. p.20.

205 대니얼 서스킨드(김정아 역), 『노동의 시대는 끝났다』, 와이즈베리, 2020, p.114

4. 교육 산업에서의 인공지능 협업

206 Collins A. and Halverson, R., The Second Educational Revolution : Rethinking Education in the Age of Technology, *Journal of Computer-Assisted Learning*, 26(1), 2010, pp.18~27.

207 Yuan, Li & Powell, Stephen. MOOCs and Open Education : Implications for Higher Education, *White Paper*, Centre for Educational Technology & Interoperability Standards, 2013.

208 막 사회에 나오면 돈 들어갈 일이 태반이다. 그렇다면 교육 수요자인 자식 세대 입장에서는 등록금이 전통 대학들보다 저렴한 사이버대학이 하나의 대안이 될 수도 있다.

209 Leyzberg, D., Spaulding, S., Toneva, M., & Scassellati, B. The Physical Presence of a Robot Tutor Increases Cognitive Learning Gains, *Proceedings of the 34th Annual Conference of the Cognitive Science Society*, 2012, pp.1882~1887.

210 Pan, Ye & Steed, Anthony, A Comparison of Avatar-, Video-, and Robot-Mediated Interaction on Users' Trust in Expertise, *Frontiers in Robotics and AI*, Vol.3, 2016, pp.1~12.

211 Kramer, Nicole and Bente, Gary. Personalizing e-Learning : The Social Effects of Pedagogical Agents, *Educational Psychology Review*, Vol.22, 2010, pp.71~87.

212 Kanda, T., Hirano, T., and Eaton, D., Interactive Robots as Social Partners and Peer Tutors for Children : A Field Trial, *Human-Computer Interaction*, Vol.19, 2004, pp.61~84.

213 이성규, 「수학 가르치고 심부름도 하는 로봇 '나오'」, 블로터닷넷, 2014.9.10.

214 Molnar, Gyogy and Szitis, Zolatan. The Role of Chatbots in Formal Education, *IEEE 16th International Symposium and Informatics*, 2018, pp.197~202. 인간, 아바타, 로봇 그림은 Ye, Pan and Anthony, Steed, A Comparison of Avatar-, Video-, and Robot-

Mediated Interaction on User's Trust in Expertise, *Frontiers in Robotics and AI*, Vol.3, No.12, 2016, p.5, 그림을 재해석해서 그린 그림임.

215 니체, 「인간적인 너무나 인간적인 I」, 니체전집 7, 책세상, 2013, p.199.

5. 문화 산업에서의 인공지능 협업

216 인간이 쉽게 창조성을 발휘할 것이라고 생각하는 것은 편견이다. 창의성의 역사를 깊이 들여다보면, 기행과 실수 운과 친절한 도움이 없으면 창조성이 빛을 보기는 어려웠다. 김진석, 「강한 인공지능과 인간」, 글항아리, p.71.

217 김훈석, 「음악과 인공지능의 상호관계연구 : 공존과 지배의 관점에서 본 인공지능」, 「문화산업연구」, 한국문화산업학회, 제18권 제1호, 2018, p.131.

218 이수경, 「인공지능이 클래식을 작곡한다면?」, 카카오브레인, 2018.6.11.

219 대전시립교향악단 보도자료, 2017.10.26.

220 김훈석, 「음악과 인공지능의 상호관계연구 : 공존과 지배의 관점에서 본 인공지능」, 「문화산업연구」, 한국문화산업학회, 제18권 제1호, 2018, p.133.

221 이효성, 「4차 산업혁명과 언론의 미래」, 2018 세계기자대회, 서울 2018.3.5.

222 김은영, 「인공지능 음악 어디까지 왔나」, 「사이언스타임즈」, 2018.3.23.

223 이수경, 「인공지능이 클래식을 작곡한다면?」, 카카오브레인, 2018.6.11.

224 김훈석, 「음악과 인공지능의 상호관계연구 : 공존과 지배의 관점에서 본 인공지능」, 「문화산업연구」, 한국문화산업학회, 제18권 제1호, 2018, p.133.

225 유발 하라리(조현욱 역), 「사피엔스」, 김영사, 2015, p.19.

226 장길수, 「인공지능 미술 시대 막 올랐다」, 「로봇신문」, 2019.3.26.

227 옥기원, 「AI가 그린 초상화, 5억 원에 팔렸다」, 「한겨레」, 2018.10.26.

228 장길수, 「인공지능 미술 시대 막 올랐다」, 「로봇신문」, 2019.3.26.

229 「인공지능도 예술하는 시대, 인공지능 작품도 예술일까?」, 널 위한 문화예술, 2018.9.6.

230 전지현·김연주, 「AI는 콘텐츠 창작의 조력자일 뿐」, 「매일경제」, 2017.10.23.

231 전승진, 「AI(인공지능)이 베스트셀러소설을 쓸 수 있을까?」, 「AI타임즈」, 2019.10.12.

232 경북콘텐츠코리아랩, 「디자이너, 미래엔 AI가 대체한다?」, 「웹진」, 제15권,

233 「4차 산업혁명 시대 디자인 역할」, 「디자인이슈리포트」, 제4권, 한국디자인진흥원,

2016.12.

234 크리스토퍼 바넷(김이훈·김상태 역), 『3D 프린팅 넥스트 레볼루션』, 한빛비즈, 2014.

235 정원준·김승인, 「인공지능 시대에서 미래 디자이너의 역할에 관한 고찰」, 『디지털융복합연구』, 한국디지털정책학회, 제16권 제8호, 2018, p.281.

236 정원준·김승인, 「인공지능 시대에서 미래 디자이너의 역할에 관한 고찰」, 『디지털융복합연구』, 한국디지털정책학회, 제16권 제8호, 2018, p.282.

237 정원준·김승인, 「인공지능 시대에서 미래 디자이너의 역할에 관한 고찰」, 『디지털융복합연구』, 한국디지털정책학회, 제16권 제8호, 2018, p.282.

238 김주영, 「인공지능의 시대, 디자인이 가야 할 길은 어디에」, 『디자인소리』, 2018.3.15.

239 김주영, 「인공지능의 시대, 디자인이 가야 할 길은 어디에」, 『디자인소리』, 2018.3.15.

240 김민정, 「디자인계에 도움이 될 만한 31개 질문들(7)」, 『월간 디자인』, 2018년 10월호.

241 김민정, 「디자인계에 도움이 될 만한 31개 질문들(7)」, 『월간 디자인』, 2018년 10월호.

242 장애리, 「중국의 인공지능(AI) 통역 발전 현황 분석」, 『번역학연구』, 제20권 제5호, 2019, pp.163~195.

243 박소현, 「네이버 'AI 음성 인식.합성 기술' 세계 1위」, 『파이낸셜뉴스』, 2018.3.30.

244 장애리, 「중국의 인공지능(AI) 통역 발전 현황 분석」, 『번역학연구』, 제20권 제5호, 2019, pp.163~195.

245 장애리, 「중국의 인공지능(AI) 통역 발전 현황 분석」, 『번역학연구』, 제20권 제5호, 2019, pp.163~195.

제3장 인공지능 시대 생존 전략

1. 포스트 휴먼 시대

246 숲속에 있으면서 숲을 벗어나서 숲을 바라본다는 것은 자기를 벗어나서 자기를 바라보는 것이다.

247 존 메이너드 케인즈는 대공황 시대에 수요가 부족하다는 것을 꿰뚫어 보았다. 그러나 그 당시 상당수 학자들은 여전히 공급이 수요를 창출한다는 세이의 법칙을 믿었다.

248 동메달이 은메달보다 행복한 것은 마음가짐 때문이다. 1992년 제25회 바르셀로나 올림픽에서 메달리스트들의 게임 종료 순간에 짓는 표정을 분석한 결과, 동메달을 딴 선

수들의 행복점수는 10점 만점에 7.1점으로 나타났으나 은메달을 딴 선수들의 행복점수는 4.8점이 고작이었다. 동일한 사실도 어떻게 보느냐는 차이가 크다. 최인철, 「나를 바꾸는 심리학의 지혜, 프레임」, 21세기북스, 2007, pp.62~63.

249 포스트 휴먼이란 지능을 가진 기계와 짝을 이룬다는 의미이다. 캐서린 헤일스(허진 역), 「우리는 어떻게 포스트 휴먼이 되었는가」, 열린책들, 2019, p.79.

250 브루노 라투르 외(홍성욱 엮음) 『인간 · 사물 · 동맹』, 이음, 2018, p.45.

251 브루노 라투르 외(홍성욱 엮음) 『인간 · 사물 · 동맹』, 이음, 2018, p.46.

252 선비라고 한다면 먹의 냄새가 배어 있어야 한다. 그리고 그들은 벼루나 붓이나 먹을 좋은 것으로 갖추려고 애를 썼다. 왜냐하면 그러한 인공물들이 자기의 정체성을 드러내기 때문이다.

253 인간은 태생적인 사이보그이다. 김진석, 『강한 인공지능과 인간, 글항아리』, 2019, p.220.

254 사람이 웨어러블 로봇을 입으면 자기 능력보다 많은 것을 들어올리거나 자기 능력보다 더 빠르게 이동할 수 있다. 「4차 산업혁명 시대 미래 유망직업 15선은?」, 『뉴스핌』, 2019.4.4.

255 이미 일본에서는 주식회사 소니가 강아지 로봇 "아이보"를 개발했다. 일본경제신문사(서라미 역), 『AI 2045 인공지능 미래보고서』, 반니, 2018, p.92.

2. 직업 전환 시대

256 Tanaka, K., Nakanishi, H., and Ishiguro, H., "Comparing Video, Avatar, and Robot Mediated Communication : Pros and Cons of Embodiment," T. Yuizono et al(eds), *CollabTech*, Springer, 96~110.

257 마이크로-멀티내셔널의 시대가 오고 있다. 오늘날에는 정규 직원이 12명 미만이고 직원들 대부분이 해외 각지에 배치되어 있어도 거대 기업들이 주로 사용하는 서비스를 이용할 수 있다. 테일러 피터슨(방영호 역), 『직업의 종말』, 부키(주), 2017, pp.34~38.

258 마틴 포드(이창희 역), 『로봇의 부상 : 인공지능의 진화와 미래의 실직 위협』, 세종서적, 2016.

259 에릭 브린욜프슨 · 앤드루 맥아피(이한음 역), 『제2의 기계 시대』, 청림출판, 2014,

p.157.

260 일반적으로 내구재 산업은 최소한의 생산이 보장되어야 규모의 경제가 실현되었다. 그러나 3D 프린팅 기술은 생산 자체에 지각변동을 가져오는 기술이다. 가장 획기적인 점은 부품을 많이 절약하므로 규모의 경제 덫을 회피할 수 있어서 중소기업도 상품당 생산비를 조절할 수 있다는 점이다.

261 Frank Knight, *Risk, Uncertainty and Profit*, Houghton Mifflin Company, 1921.

262 Herbert Simon, Rational Decision Making in Business Organizations, *American Economic Review*, Vol.69, No.4, 1979, pp.493~513.

263 찰스 핸디(강혜정 역), 『비이성의 시대 : 왜 새로운 게임에는 새로운 규칙이 필요한가』, 21세기북스, 2009, p.126, p.97.

264 임동석, 『맹자』, 동서문화사, 2009, p.904.

3. 불확실성의 시대

265 리처드 왓슨(이진원 역), 『퓨처마인드』, 청림출판, 2011, p.70.

266 다니엘 핑크, 『새로운 시대가 온다. 미래 인재의 6가지 조건』, 한국경제신문, 2012.

267 다니엘 핑크, 『새로운 시대가 온다. 미래 인재의 6가지 조건』, 한국경제신문, 2012, p.174.

268 롤프 옌센(서정환 역), 『드림 소사이어티』, 리드리드출판, 2010, p.75.

269 롤프 옌센(서정환 역), 『드림 소사이어티』, 리드리드출판, 2010, p.55.

270 롤프 옌센(서정환 역), 『드림 소사이어티』, 리드리드출판, 2010, p.56.

271 장 보드리야르(하태환 역), 『시뮬라시옹』, 민음사, 2003, p.146.

272 에릭 브린욜프슨·앤드루 맥아피(이한음 역), 『제2의 기계 시대』, 청림출판, 2014, p.251.

273 우리는 날마다 죽으면서 다시 태어나야 한다. 류시화 엮음, 『법정 잠언집 : 살아 있는 것은 다 행복하라』, 조화로운 삶, 2006, p.26.

4. 인공지능과 인간의 협업 시대

274 "사람들이 막연히 상식이라 부르는 것은 우리가 높게 평가하는 대부분의 전문적인 기

술보다 실제로 더 난해하다." 마빈 민스키(조광제 역), 「마음의 사회」, 새로운 현재, 2019, p.120.

275 브뤼노 라투르(홍철기 역), 『우리는 결코 근대인이었던 적이 없다』, 갈무리, 2009.

276 Vincent Muller and Nick Bostrom, Future Progress in Artificial Intelligence : A Survey of Expert Opinion, Vincent Muller(ed), *Fundamental Issues of Artificial Intelligence*, Springer, Berlin, 2016.

277 공선표, 『멀티 스페셜리스트』, 토네이도, 2010.

278 린다 그래튼(조성숙 역), 『일의 미래』, 생각연구소, 2012, p.246.

279 멀티 태스킹이란 여러 가지 일을 동시에 처리한다는 의미이다. 디지털 원주민 논쟁을 불러일으킨 프랜스키 박사가 제안한 개념이다.

280 고객과의 공감 부분을 의미한다.

281 합리성과 불합리성이 뒤섞인 존재인 인간 고객은 합리성만으로 무장한 인공지능과 대화하는 것이 불편할 것이다.

282 마틴 포드(김대영 · 김태우 · 서창원 · 최종현 · 한성일 역), 『AI마인드』, 터닝포인트, 2019, p.429.

5. 초장수 시대

283 김태유, 『은퇴가 없는 나라』, 삼성경제연구소, 2013, p.278.

284 미치 앤서니(이주형 역), 『은퇴혁명』, 청년정신, 2004, p.129.

285 최재천, 『당신의 인생을 이모작하라 : 생물학자가 진단하는 2020년 초고령 사회』, 삼성경제연구소, 2005, p.57.

286 게일 쉬히(형선호 역), 『남자의 인생 지도』, 황금가지, 2004, p.30.

287 후지타 다카노리(홍석민 역), 『과로노인』, 청림출판, 2017, p.77.

288 영웅의 여정은 3개의 주요 부분으로 되어 있다. 부름, 도전, 귀환이다. 영웅은 부름을 받고 처음에는 거부하지만, 마침내 경계를 넘어 새로운 세상으로 들어간다. 도전의 시기에는 많은 시련과 위험에 처한다. 하지만 자신의 길을 개척하다가 변화를 체험하고, 마침내 새롭게 거듭난다. 그리고 귀환을 해 훌륭한 지도자가 된다. 이 구조는 호메르스의 대서사시에 나오는 오딧세이, 불교의 부처 삶의 여정에서 공통되게 나타난다. 다니엘 핑크, 『새로운 미래가 온다 : 미래 인재의 6가지 조건』, 한국경제신문, 2012,

p.134.

289 한국천주교주교회의, 『신약성경』, pp.281~282.

290 자크 아탈리, 『미래의 물결』, 위즈덤하우스, 2007, p.186.

291 프랑크 쉬르마허(장혜경 역), 『고령사회 2018』, 나무생각, 2011, p. 56.

292 정용균, 「장노년층의 성공적 노화와 정보화교육 유용성에 대한 탐색적 연구 : 서울
자유시민대학 사례를 중심으로」, 『e-비즈니스연구』, 국제e-비즈니스학회, 제20권
제2호, 2019, pp.43~57.

293 찰스 핸디(강혜정 역), 『찰스 핸디의 포트폴리오 인생』, 에이지, 2008, p.150.

6. 초연결 시대

294 이대열, 『지능의 탄생』, 바다출판사, 2017, p.70.

295 경제적 번영과 행복 사이에는 관련성이 적은 것으로 나타나고 있다. 일례로 미국의 경
우, 2000년은 1950년대보다 경제적으로 성장했지만 현대인들이 1950년대 사람들보다
행복하지 않다는 견해가 제시되고 있다. 50년 동안 미국인의 주택 규모는 두 배 이상
커졌다. 대도시 범죄율도 감소했고 여가시간도 늘었다. 1980년대 평균적인 미국인은
주당 11시간 여가 활동을 즐겼으나 오늘날에는 주당 40시간의 여가 활동을 즐기고 있
다. 그럼에도 주관적 안녕을 재는 척도에 의하면 현대 미국인들이 50년 전 미국인보
다 행복감이 상승한 것으로는 나타나지 않는다. 마이클 셔머(박종성 역), 『경제학이 풀
지 못한 시장의 비밀』, 한국경제신문, 2013, pp.261~270.

296 디너와 셀리그만의 연구에 의하면 가장 행복하다고 답한 사람들이 다른 사람들과 차
이점을 보인 것은 관계였다. 최고로 행복한 사람들은 혼자 있는 시간이 적었고 늘 다
른 사람과 함께 있을 정도로 관계가 풍성했다. 최고의 행복한 사람들 22명 중 21명은
이성친구가 있었다. 최인철, 『나를 바꾸는 심리학의 지혜, 프레임』, 21세기북스, 2007,
p.200.

297 김달진, 『한산시』, 문학동네, 2009, p.175.

298 정용균, 성공적 노화와 정보화교육 유용성에 대한 탐색적 연구 : 서울자유시민대
학 사례를 중심으로, 『e-비즈니스연구』, 국제e-비즈니스학회, 제20권 제2호, 2019,
pp.43~57.

299 Mark Granovetter, The Strength of Weak Ties, *American Journal of Sociology*, Vol.78,

No.6, pp.1360~1380.

300 법정(역), 『숫타니파타』, 이레, 1999, p.31.

301 김인곤 · 강철웅 · 김재홍 · 김주일 · 양호영 · 이기백 · 이정호 · 주은영(역), 『소크라테스 이전 철학자들의 단편선집』, 대우고전총서, 2012, 아카넷, p.102.

7. 영성의 시대

302 마빈 민스키(조광제 역), 『마음의 사회』, 새로운 현재, 2019.

303 마음의 작동에 대해서는 아직 학설들의 일치가 이루어지 않았다. 대니얼 데닛은 진화론적 발전 단계에 따라 유기체를 다윈 생물, 스키너 생물, 포퍼 생물, 그레고리 생물로 분류했다. 그리고 마음은 원시 마음과 또 하나의 마음으로 구성된다는 견해를 밝혔다. "몸에 바탕을 둔 원시마음은 수십억 년의 세월동안 생명을 유지시키는 과업을 묵묵히 수행했지만 상대적으로 느리고 무디다. 세상과 치밀하게 겨루려면 더 빠르고 멀리 내다볼 줄 알아야 한다. 그러한 마음이 더 나은 미래를 만든다.", 대니얼 데닛(이희재 역), 『마음의 진화』, 사이언스북스, 2019, p.139.

304 조화와 균형을 위해서는 돌아와야 한다. 왕방웅(천병돈 역), 『노자 생명의 철학』, 은행나무, 2014, p.156. ; 되돌아오는 것이 도의 움직임이다. 유소감(김용섭 역), 『노자철학』, 청계, 2000, p.231.

305 마르틴 하이데거(권순홍 역), 『사유란 무엇인가』, 도서출판 길, 2014, p.52.

306 마르틴 하이데거(신상희 역), 『숲길』, 나남, 2010, p.66.

307 자크 아탈리, 『살아남기 위하여』, 위즈덤하우스, 2010, pp.16~19.

308 자크 아탈리, 『살아남기 위하여』, 위즈덤하우스, 2010, pp.16~19.

309 자크 아탈리, 『살아남기 위하여』, 위즈덤하우스, 2010, pp.16~19.

310 자크 아탈리, 『살아남기 위하여』, 위즈덤하우스, 2010, pp.16~19.

311 자크 아탈리, 『살아남기 위하여』, 위즈덤하우스, 2010, pp.16~19.

312 자크 아탈리, 『살아남기 위하여』, 위즈덤하우스, 2010, pp.16~19.

313 자크 아탈리, 『살아남기 위하여』, 위즈덤하우스, 2010, pp.16~19.

314 자크 아탈리, 『살아남기 위하여』, 위즈덤하우스, 2010, pp.16~19.

315 웨인 다이어(김성 역), 『60인의 현인들에게 배우는 하루 경영』, 청림출판, 2004, p.42.

316 웨인 다이어(김성 역) 『60인의 현인들에게 배우는 하루 경영』, 청림출판, 2004, p.43.

317 피터 드러커(이재규 역), 『이노베이터의 조건』, 청림출판, 2002, p.361.

318 리처드 서스킨드 · 대니얼 서스킨드(위대선 역), 『4차 산업혁명 시대 전문직의 미래』, 미래앤, 2016, p.298

319 이 개념은 멀티도어코트하우스 개념에서 빌려 왔다. 정용균, 「멀티도어코트하우스 제도 : 기원, 확장과 사례분석」, 『중재연구』, 한국중재학회, 제28권 제2호, 2018, pp.3~43.

지은이에 대하여

정용균(鄭容均)

학력

보성고등학교와 한국외국어대학교 영어과를 졸업하였다. 한국외국어대학교와 서강대학교 대학원에서 경제학을 공부하여 각각 석사학위를 취득하였다. 미국 오리건주립대학교에서는 경제학 박사과정에 수학하여 공부하고 경제학 박사학위를 취득하였다. 그 후 강원대학교 대학원 법학과에서 법학을 공부하여 법학 석사학위를 취득하였으며, 박사과정을 수료하였다.

경력

한국무역학회, 한국중재학회, 한국통상정보학회, 국제e-비즈니스학회, 한국관세학회에서 부회장을 역임하고, 편집위원으로 학회지 발간에 참여하였다. 그리고 한국경제학회, 국제지역학회, 한국인터넷전자상거래학회 이사직을 역임하였다. 저자는 동남아지역연구에도 참여하여 한국외국어대학교 동남아연구소 「동남아연구」 편집위원, 한국태국학회 「한국태국학회논총」 편집위원으로 봉직하였다. 또한 국제학술지 육성에도 참여하여 *Journal of Arbitration Studies*, Editor in Chief, *International Area Studies Review* 편집간사 *Journal of Korea Trade* 편집위원으로 활동하였다. 한국국제협력단(KOICA) 프로그램 코디네이터와 대한상사중재원 중재인 및 조정위원으로 활동하고 있다.

현 국립강원대학교 국제무역학과 연구석좌교수

수상

Marquis Who's Who in the World(33판) 등재(2016)

IBC, Cambridge Certificate for Outstanding Educational Achievement 수상(2016)

Marquis Who's Who, Life Time Achiever 수상(2017)

산업자원부장관상 수상(2018)

자격증

상공부, 『무역사』(1977)

한국생산성본부, 『전자상거래관리사』(2002)

한국조정학회, 『조정전문가』(2018)

저서

『전자무역론』, 청람, 2019.

『제4차 산업혁명 시대의 국제운송물류론』, 율곡출판사, 2019.

『인공지능무역 시대가 왔다 : 데이터가 지배하는 시대』, 율곡출판사, 2020.

논문

"Artificial Intelligence and Virtual Multi-Door ODR Platform for Small Value e-Commerce Disputes," *Journal of Arbitration Studies*, 2019.

"Is Artificial Intelligence(AI) Lecturer Acceptable for Adult Learners in Distance Education? : An Exploratory Study on a Cyber University in South Korea," *Journal of Internet Electronic Commerce Research*, 2020.

"Artificial Intelligence" Acceptability in Online Dispute Resolution : A Exploratory Study of Age Groups in South Korea, *Journal of Arbitration Studies*, 2020.

「인공지능과의 협업에 대한 인간의 인식 : 대학생집단과 40-50대 장년인 비교를 중심으로」, 『e-비즈니스연구』, 2020.

「보험 산업에서의 인공지능(AI) 도입에 대한 탐색적 연구 : 사례 및 함의」, 『무역보험연구』, 2020.

외 80여 편.

인공지능과 인간의 협업 시대가 왔다

직업의 미래와 인공지능 시대 생존 전략

초판 1쇄 발행 2020년 6월 15일
초판 2쇄 발행 2021년 7월 5일

지은이 정용균
펴낸이 박기남
기획·영업 박정헌
책임편집 차은지

펴낸곳 **율곡출판사**

08590 서울시 금천구 가산디지털1로 84(에이스하이엔드 8차), 803호
전화 (代) 02) 718-9872/3
팩스 02) 718-9874
홈페이지 http://www.yulgokbooks.co.kr
이메일 yulgokbook@naver.com
등록 1989.11.10. 제2014-000031호
ISBN 979-11-87897-91-0 03300

정가 18,000원